Widmung

Dieses Buch ist meiner Familie gewidmet.

Andreas B. Arnold

Glück finden und behalten

Ein Ratgeber

Bibliografische Information der Deutschen Nationalbibliothek:
Die Deutsche Nationalbibliothek verzeichnet diese Publikation in der Deutschen Nationalbibliografie; detaillierte bibliografische Daten sind im Internet über http://dnb.dnb.de abrufbar.

© 2013 Andreas B. Arnold

Illustration: Anja Susan Jung

Herstellung und Verlag: BoD – Books on Demand, Norderstedt

ISBN: 978-3-7322-3597-1

Inhalt

1. Vorwort	8
2. Wie erfolgreich bin ich?	9
3. Auswertung des Fragebogens	15
4. Jeder ist seines Glückes Schmied	17
5. Der kleine Bruder des Glücks	**20**
6. Lernen im Bauch	25
7. Aktiv sein	32
8. Schnell! Schnell!	35
9. Verborgene Kräfte	37
10. Gefühle sprechen lassen	41
11. Mehr wahrnehmen	44
12. Weißblindheit	48
13. Mein Körper	50
14. Etwas oder nichts suchen	52
15. Ziele treffen	55
16. Fokusierung	59
17. Meine Welt	63
18. Was ich wirklich will	65
19. Warum immer geben?	66
20. Nein sagen	71
21. Eine Frage der Schuld	72
22. Opfer sein und Opfer bleiben?	75
23. Ein Täter kommt selten allein	80
24. Das ganze Leben ist ein Spiel	83
25. Warum ich?	86
26. Die Welt ist schlecht	87
27. Wo geht es hin?	92
28. Gedacht - gemacht	96
29. Hamster im Laufrad	101
30. Lebensaufgaben bewältigen	105
31. Es dauert seine Zeit	110

32. Langsam aber gewaltig	114
33. Ziele vorfühlen	116
34. Unwägbarkeiten einplanen	119
35. Ziele formulieren	120
36. Jetzt passiert was	125
37. Zeit mit mir verbringen	**137**
38. Bewegung verändert	139
39. Wie Angst entsteht	141
40. Aus Angst wird Panik	146
41. Ängste frühzeitig wahrnehmen	147
42. Ich bin stark!	151
43. Zu schwach?	155
44. Was für ein Egoist	156
45. Probieren geht über studieren	158
46. Es war schlimm	162
47. Eitrige Wunden	165
48. Nicht zu vergessen	167
49. Die Sache muss wichtig sein	168
50. Wieder die Gesellschaft	171
51. Bewegung! Bewegung!	173
52. Abschied ist ein scharfes Schwert	178
53. Was die Leute sagen	**180**
54. Zueinander passen wollen	183
55. Erfolg zieht Neider an	184
56. Erdulden statt Erleiden	185
57. Meine Bergwanderung	188
58. Jetzt geht's los	194

1. Vorwort

Auf dem Markt gibt es sicher Hunderte von Büchern mit Themen, wie: „Glücklich und zufrieden sein und wie man es erreicht". Deshalb will ich vermeiden, Altbekanntes herunterzubeten, sondern klar und deutlich schreiben, woran es liegt, dass Sie immer noch nicht glücklich sind.

Vielleicht stößt Ihnen vieles, was in diesem Buch steht, sauer auf. Vielleicht stoßen einige Sätze auf taube Ohren oder Widerstand. Dann sind Sie sicher jemand, der sich nicht gerne etwas „vor"-schreiben lässt und das ist gut so. Das zeugt von Willensstärke, welche Sie noch brauchen werden, ihr Leben zu verändern.

Testen Sie also das hier Behauptete auf Alltagstauglichkeit. Wenn es funktioniert, nehmen Sie es an und integrieren es in ihr Leben. Wenn nicht - war es ein Versuch wert.

Wenn Sie nur ein paar Seiten lesen und dann schon genug haben - genug von diesem aufdringlichen Kerl, der meint, er habe die Weisheit mit Löffeln gefressen – dann fände ich es schade, denn so schlimm bin ich (meiner subjektiven Meinung nach) gar nicht. Deshalb mein Wunsch: lesen Sie das ganze Buch! Es ist nicht zu dick und es hat mich nicht wenig Mühe und Überwindung gekostet, klar und deutlich zu schreiben, worauf es im Leben ankommt.

Sehen Sie? Ich sehne mich nach Anerkennung und Aufmerksamkeit. Ist das nicht furchtbar? Diese Sehnsucht auch noch zu äußern – wozu das?

Vielleicht erfahren Sie gleich mehr. Wollen Sie sich auf das Abenteuer einlassen? Sich selbst besser kennen lernen? Eigene Schwächen?

Mutig! Ich mag Sie jetzt schon! Etwas verbindet uns.

Ich sende Ihnen meine Wärme entgegen und wünsche Ihnen Kraft, damit Sie weiter und immer weiter an Ihren Zielen, an Ihrer Persönlichkeit arbeiten. Zunächst aber wünsche ich Ihnen aufregende Stunden mit diesem Buch. Gehen Sie auf die Suche nach Ihrem Glück! Denn das erwartet Sie bereits.

2. Wie erfolgreich bin ich?

Sie wollen wissen, wie Sie glücklich werden können?

Dazu brauchen Sie eine Bestandsaufnahme. Und da Glück schlecht messbar ist, möchte ich Sie fragen, wie es um den kleinen Bruder des Glücks - den Erfolg - steht? Kreuzen Sie immer je eine Antwort an. Seien Sie ehrlich und entscheiden spontan. Nur so erfahren Sie etwas über sich.

Fragebogen:

1. Wie erfolgreich sind Sie beruflich?
a) ☐ sehr   b) ☐ erfolgreich   c) ☐ mittelmäßig
d) ☐ wenig   e) ☐ gar nicht

2. Wie erfolgreich sind Sie innerhalb Ihrer Familie?
a) ☐ sehr   b) ☐ erfolgreich   c) ☐ mittelmäßig
d) ☐ wenig   e) ☐ gar nicht

3. Wie wichtig sind Ihnen feste Freundschaften?
a) ☐ sehr   b) ☐ wichtig   c) ☐ mittelmäßig
d) ☐ wenig   e) ☐ gar nicht

4. Wie leicht lernen Sie von sich aus neue Leute kennen?
a) ☐ problemlos b) ☐ leicht   c) ☐ mittelmäßig
d) ☐ schwer   e) ☐ gar nicht

5. Wenn Ihre Ausstrahlung eine Schulnote zwischen 1 und 5 (eine 6 wollen Sie sich hoffentlich nicht geben ;-)) bekommen sollte, welche würden Sie ihr dann geben?
a) ☐ 1   b) ☐ 2   c) ☐ 3   d) ☐ 4   e) ☐ 5

6. Wenn die Stabilität Ihres Charakter eine Schulnote zwischen 1 und 5 bekommen sollte, welche würden Sie ihr geben?
a) ☐ 1   b) ☐ 2   c) ☐ 3   d) ☐ 4   e) ☐ 5

7. Wie zuverlässig sind Sie?

a) ☐ sehr   b) ☐ meist   c) ☐ mittelmäßig
d) ☐ selten e) ☐ gar nicht

8. Wie diszipliniert sind Sie?

a) ☐ sehr   b) ☐ meist   c) ☐ mittelmäßig
d) ☐ selten e) ☐ gar nicht

9. Wie ordentlich sind Sie?

a) ☐ sehr   b) ☐ meist   c) ☐ mittelmäßig
d) ☐ selten e) ☐ gar nicht

10. Wie gut kommen Sie mit Niederlagen zurecht?

a) ☐ sehr gut   b) ☐ gut   c) ☐ mittelmäßig
d) ☐ weniger gut e) ☐ schlecht

11. Wie wichtig ist es Ihnen, erfolgreich zu sein?

a) ☐ sehr   b) ☐ wichtig   c) ☐ mittelmäßig
d) ☐ wenig   e) ☐ gar nicht

12. Wie viel sind Sie wirklich bereit, für den Erfolg zu geben?

a) ☐ sehr   b) ☐ einiges   c) ☐ mittelmäßig
d) ☐ wenig   e) ☐ gar nichts

13. Wie viel wollen Sie noch in Ihrem Leben erreichen?

a) ☐ sehr   b) ☐ wichtig   c) ☐ mittelmäßig
d) ☐ wenig   e) ☐ gar nicht

14. Wenn Ihr Wille aus einem Material bestünde, welches wäre es?

a) ☐ Diamant   b) ☐ Eisen   c) ☐ Plastik
d) ☐ Gummi   e) ☐ Papier

15. Wie viel bedeutet Ihnen Geld?

a) ☐ sehr   b) ☐ einiges   c) ☐ mittelmäßig
d) ☐ wenig   e) ☐ gar nichts

16. Wie viel Zeit und Kraft investieren Sie in einzelne Projekte außerhalb Ihrer Arbeitszeit?

a) ☐ sehr   b) ☐ einige   c) ☐ mittelmäßig
d) ☐ wenig   e) ☐ gar keine

17. Wie wichtig ist Ihnen Ihre Gesundheit?

a) ☐ sehr   b) ☐ wichtig   c) ☐ mittelmäßig
d) ☐ wenig   e) ☐ gar nicht

18. Wie intensiv haben Sie sich bisher mit dem Thema „erfolgreich werden" auseinander gesetzt?

a) ☐ sehr   b) ☐ intensiv   c) ☐ mittelmäßig
d) ☐ wenig   e) ☐ gar nicht

19. Wie voll ist das Glas bei Ihnen im Hinblick auf Ihre Einstellung (optimistisch oder pessimistisch)?

a) ☐ voll   b) ☐ fast voll   c) ☐ halb
d) ☐ viertel e) ☐ leer

20. Wie exakt sind Ihre Pläne, die aufzeigen, wo Sie stehen und wohin sie wollen?

a) ☐ sehr   b) ☐ genau   c) ☐ relativ genau
d) ☐ vage   e) ☐ habe keine

21. Wie viel Hilfestellung geben Ihnen Freunde zur Verwirklichung Ihres eigenen Traumes?

a) ☐ sehr   b) ☐ einige   c) ☐ mittelmäßig
d) ☐ wenig   e) ☐ gar keine

22. Wie gehen Sie mit Geld um, das am Ende des Monats übrig ist?

a) ☐ sparen   b) ☐ teilweise sparen   c) ☐ etwas zurücklegen
d) ☐ ist nie etwas übrig   e) ☐ mache weiter Schulden

23. Wie fest glauben Sie daran, dass Sie es verdienen, erfolgreich zu sein?

a) ☐ ganz fest   b) ☐ fest   c) ☐ mittelmäßig
d) ☐ lose   e) ☐ gar nicht

24. Wie viele Kraftreserven haben Sie sich bewahrt, die sie notfalls mobilisieren könnten, wenn sie gebraucht würden?

a) ☐ viele   b) ☐ einige   c) ☐ mittelmäßig
d) ☐ wenig   e) ☐ gar keine

25. Wie oft haben Sie Dinge in Ihrem Leben geschafft, die Sie selbst nicht für möglich gehalten haben?

a) ☐ sehr oft   b) ☐ häufig   c) ☐ ein paar Mal
d) ☐ selten   e) ☐ gar nicht

26. Wie konkret sind Ihre Vorstellungen davon, wie es wäre, erfolgreich zu sein?

a) ☐ sehr konkret   b) ☐ konkret   c) ☐ relativ konkret
d) ☐ vage   e) ☐ habe keine

27. Mit welchem heimischen Waldtier können Sie sich am ehesten identifizieren?

a) ☐ Bär   b) ☐ Hirsch   c) ☐ Reh
d) ☐ Hase   e) ☐ Maus

28. Wie sehr ist Ihre Familie bereit, Sie bei Veränderungen zu unterstützen?

a) ☐ sehr   b) ☐ meist   c) ☐ mittelmäßig
d) ☐ wenig   e) ☐ gar nicht

29. Was ist das größte Hindernis für Sie, erfolgreich zu sein?

a) ☐ gibt keines   b) ☐ mein Handeln   c) ☐ mein Denken
d) ☐ meine Gefühle   e) ☐ andere Leute

30. Können Sie auch im Alltag Glück empfinden?

a) ☐ ständig   b) ☐ häufig   c) ☐ manchmal
d) ☐ selten   e) ☐ nie

31. Wie gut sehen Sie entsprechend Ihrem Alter aus?

a) ☐ sehr   b) ☐ gut   c) ☐ mittelmäßig
d) ☐ weniger gut   e) ☐ schlecht

32. Wie gut fühlen Sie sich jetzt im Augenblick?

a) ☐ sehr   b) ☐ gut   c) ☐ mittelmäßig
d) ☐ weniger gut   e) ☐ schlecht

3. Auswertung des Fragebogens

Vergeben Sie für jede Antwort Punkte nach folgendem Schlüssel:

a) = 4   b) = 3   c) = 2   d) = 1   e) = 0 Punkte

Zählen Sie alle Punkte zusammen und sehen Sie nach, wie erfolgreich Sie im Augenblick sind.

0 – 68 Punkte – *Sie sind der klassische Verlierer!*

Leider klappt vieles, was Sie anpacken, nicht. Sie mühen sich ab und kämpfen jedes Mal von Neuem, aber immer wieder scheitern Sie. Andere, denen Sie geholfen haben, ziehen an Ihnen vorbei und Sie selbst haben das Nachsehen. Sie zweifeln zu häufig und haben das Gefühl, nicht voran zu kommen. Offensichtlich sind Sie unglücklich. Bleiben Sie unbedingt dran! Es ist Veränderung möglich!

69 - 100 Punkte – *Sie gehen Ihre Ziele zu zaghaft an!*
Sie haben schon teilweise das Denken eines Gewinners. Trotzdem hält Sie immer wieder etwas davon ab, das zu erreichen, was Ihnen eigentlich zusteht. Das heißt nicht, dass Sie ein Versager sind. Sie sind ein Macher, verzetteln sich aber und vergeben wertvolle Kräfte. Sie fühlen sich häufig ausgelaugt und warten immer noch auf das große Glück. Studieren Sie dieses Buch und setzen Sie es in die Tat um!

101 - 132 Punkte – *Sie sind der typische Gewinner!*
Sie sind bereits auf der Gewinnerstraße. Was Sie anpacken, wird ein Erfolg. Die Organisation von Projekten bereitet Ihnen keine Mühen. Sie kennen das Gefühl des Glücks und suchen und finden es immer wieder. Natürlich können auch Sie noch etwas dazulernen. Es schadet auch Ihnen nichts, dieses Buch zu lesen. Vielleicht bringt es Ihnen die paar Punkte mehr, die für den entscheidenden Durchbruch – und somit ein dauerhaft glückliches Leben in Zufriedenheit - sorgen könnten.

Zu welcher Gruppe gehören Sie? Sind Sie getroffen?

Wenn Sie jetzt enttäuscht sein sollten:

Bewusstwerdung ist der erste Schritt zur Veränderung. Veränderung der erste Schritt zum Erfolg. Erfolg der erste Schritt zum Glück. Und da wollen Sie doch hin. Oder nicht?

Übrigens - schauen Sie Ihren Fragebogen noch einmal durch: Jede *e)*-Antwort zeigt eine *Schwäche* auf, an der Sie arbeiten können. Jede *a)*-Antwort dagegen ist eine *Ressource*, auf die Sie bauen können.

4. Jeder ist seines Glückes Schmied

Was ist Glück? Zunächst einmal will ich Ihnen nahe bringen, was das Wort „Glück" überhaupt bedeutet. Es stammt aus dem mittelhochdeutschen „gelücke" und heißt: „die Art, wie etwas gut ausgeht".

Aus dieser Definition lässt sich ersehen, dass „etwas, das gut ausgehen" soll, vorher bereits in Angriff genommen worden sein muss. Denn es kann nur ausgehen, was auch einen Anfang hat und auf ein Ziel hinarbeitet.

Ohne einen (Arbeits-) Prozess, der „etwas" in Gang setzt und am Laufen hält, ist kein Ergebnis, kein „guter Ausgang" möglich. Denn - Glück tritt nicht einfach so in Ihr Haus. Es legt einen langen Weg zurück, um den zu finden, der es sich verdient hat.

Und Sie können viel dazu beitragen, dass das Glück auch bei Ihnen ankommt.

Wie wäre es, wenn Sie den schmalen Weg zu Ihrem Haus hin zu einer breiten Straße ausbauen? Die Straße dann räumen (im Winter) und säubern; Hinweisschilder aufstellen, die eindeutig zu Ihrem Haus führen? Vorbereitung kann doch nicht so falsch sein, oder?

Selbstverständlich haben Sie die Wahl, es sich auch gemütlich zu machen. Warten Sie einfach ab, bis das Glück zufällig bei Ihnen vorbeischaut.

Das kann natürlich lange dauern, sehr lange, bei manchen ist es so ungemütlich, dass es nie vorbeisieht und, offen gestanden, ist die Warterei ziemlich anstrengend und kostet mehr Zeit und Nerven als etwas Aktives tun. Und aktiv sollten Sie werden, wenn Sie das Glück in Ihr Haus einladen wollen.

Glück will nämlich hofiert werden. Stellen Sie sich vor, Glück wäre ein König wie in einem Märchen, der durch die Lande ritte. Ein so hoher Gast verirrt sich nicht einfach irgendwohin. Er sucht sich die besten Häuser aus, in denen er Quartier entsprechend seinem Stand nehmen wird. Wenn Sie also wollen, dass dieser Gast auch zu Ihnen kommt, dann laden Sie ihn herzlich ein und halten sich bereit, ihn mit allen Ehren zu empfangen. Geben Sie ein Fest, wenn Ihr Gast ankommt, freuen Sie sich offen und drücken Sie Ihre Freude aus. Und wenn Ihr Gast wieder gehen will - lassen Sie ihn ziehen. Wenn es ihm gefallen hat, kommt er wieder. Nur so erreichen Sie, dass Glück sich bei Ihnen wohl fühlt. Glück liebt nämlich Menschen, die sich freuen und Glück liebt es außerdem, frei zu sein; sich selbst entscheiden zu können, wann es kommt und wie lange es bleibt.

Respektieren Sie die Bedürfnisse des Glücks und Sie werden einen guten Freund gewinnen und häufige Besuche erwarten dürfen.

5. Der kleine Bruder des Glücks

Glück ist nicht erpressbar. Es kommt oder es bleibt aus. Entweder Sie spüren es, oder nicht. Glück ist, wie alle Gefühle, ein launischer Geselle. Sie können es nicht erzwingen, aber: Sie können es sich verdienen. Doch - wie?

Kennen Sie die Situation, dass Sie sich unsterblich in jemanden verliebt haben, aber es nicht schaffen, an diesen Jemand heran zu kommen? Was können Sie also tun?

Eine erfolgreiche und vielgenutzte Möglichkeit ist, sich mit Freunden oder Familienangehörigen der geliebten Person zu umgeben. Machen Sie sich beliebt bei denen, die die- oder denjenigen lieben, die oder den Sie auch lieben. Hängen Sie mit denen rum, machen Quatsch, verbreiten gute Laune. So schaffen Sie Nähe und Ihre Chance steigen rasant. Und – wer weiß? Vielleicht ergibt sich ja dann etwas?

Was spräche also dagegen, diese Strategie auch für das Glück anzuwenden?

Der kleine Bruder des Glücks ist der Erfolg. Machen Sie sich also an den kleinen Bruder heran! Suchen Sie die Nähe des Erfolges! Machen Sie Party mit ihm, streiten Sie sich und vertragen sich auch wieder. Dann kommt der Erfolg gerne zu Ihnen und schleppt das ein oder andere Mal auch seinen Kumpel Glück mit.

Und jetzt das Beste: Erfolg ist ein dankbarer und treuer Freund! Anders als das Glück können Sie hier tatsächlich Hand anlegen. Und das sollten Sie unbedingt auch tun (nicht nur in sexueller Hinsicht, obwohl – warum auch nicht). Erfolg sollte Ihr Freund sein. Gehen Sie deshalb gezielt vor, geben Sie nicht auf und ziehen Sie durch, was Sie sich vorgenommen haben! Hartnäckigkeit zahlt sich aus! Nur wer zielt, trifft auch. Wer Freundschaft sucht, wird Freundschaft finden, wenn er sich nicht zu schnell zurückweisen lässt und dem anderen treu zur Seite steht.

Wenn Sie es das schaffen, werden Sie erfolgreich sein. Nehmen Sie Erfolg bewusst wahr! Ignorieren Sie ihn nicht! Bemerken Sie, dass Sie erfolgreich sind. Sie dürfen sich gut fühlen! Erlauben Sie es sich! Egoismus ist erwünscht! Gelingt es Ihnen, Erfolge wahrzunehmen, dann schaffen Sie es auch, glücklich zu werden.

Sammeln Sie im geistigen „Album der großartigsten Momente des Lebens" alle Erfolgserlebnisse, die Sie nur finden können. Was denken Sie, wie gut es tut, wenn Sie darin in einer Lebenskrise „blättern"?

Jeder Erfolg lockt, vorausgesetzt, Sie nehmen ihn bewusst wahr, ein Erfolgserlebnis hervor. Es ist der Schuss Glück, der nach einem Erfolg automatisch in Ihr Glas fließt, ohne, dass Sie etwas dazu tun müssen, außer das Glas hin zu halten. Vielleicht gibt es sogar mehr als ein Schluck. Haben Sie schon einmal gesehen, dass bei einem Sektempfang einer abgewiesen wurde, der der

Bedienung sein Glas hinstreckte? Strecken Sie ihr Glas dem Erfolgserlebnis entgegen, dann haben Sie die Chance, sich kostenlos zu besaufen.

Ist denn Glück weniger süß; nur, weil es geplant wird? Haben Sie sich nicht auch schon einmal für eine wichtige Prüfung vorbereitet und diese dann mit Bravour bestanden? Hatten Sie damit gerechnet, am Ende glücklich zu sein? Natürlich wollten Sie das! Erschöpft, aber stolz und froh.

An diesem Beispiel merken Sie, dass Glück durch gute Vorbereitung sehr wohl erreicht werden kann.

Je erfolgreicher Sie sind, desto häufiger stellt sich Glück bei Ihnen ein: dieser kurze Hauch, dieser Augenblick des Hochgefühls, wie verliebt zu sein; wie ein Orgasmus. Oder in der Fußballersprache: Das Golden Goal, das in einem entscheidenden WM-Spiel fällt. Ein kurzer, heftiger Jubelschrei; ein Hochkochen der Gefühle; das Besondere im Augenblick. Es kommt schnell, entlädt sich heftig und endet in einer wohligen

Zufriedenheit und fühlt sich wunderbar an. Denken Sie dabei nicht an den Kater, der morgens um Sie herumstreicht. Dieser nennt sich Zweifel. Auf einer Fete hat der nichts verloren.

Wenn Glücksgefühle immer wieder auftreten, werden sie irgendwann „normal" für Sie. Sie haben inzwischen Sicherheit über Ihr Erleben gewonnen und arbeiten kontinuierlich an weiteren Erfolgen, die sich auch einstellen. Mit der Gewöhnung erleben Sie Glück weniger heftig, aber – und jetzt kommt das Gute – stattdessen stellt sich ein dauerhaftes Gefühl ein. Es ist beschwingend, positiv und macht Ihnen das Leben leichter. Sie sind zufrieden mit sich und Ihrem Leben. Nennen wir es Zufriedenheit – oder philosophischer – Glückseligkeit.

Zufriedenheit ist vergleichbar mit einer dauerhaften Liebe. Zufriedenheit nährt sich aus vielen Glücksmomenten, die in der Vergangenheit aneinandergereiht und bewusst erlebt worden sind. Kontinuierliche Erfolge sorgen für eine gleichmäßig verteilte Dosis von Glück, die Ihnen Kraft gibt, Schwierigkeiten zu überwinden und Mut macht, sich täglich neuen Herausforderungen zu stellen.

Nutzen Sie jeden Schwung aus und suchen mit ihm weitere Erfolge! Erfolge kann es nicht genug geben.

6. Lernen im Bauch

Menschen sind unterschiedlich aktiv. Die einen sind imstande, den ganzen Tag hart zu arbeiten, werden nicht erschöpft und haben abends noch Schwung, in ihrer Freizeit fit zu sein.

Die anderen sind bereits nach wenigen Stunden Arbeit völlig erschöpft und suchen und verbringen ihre Freizeit hauptsächlich mit Ausruhen und Nichtstun.

Woher kommen diese Unterschiede? Weshalb ist der eine mehr, der andere weniger aktiv?

So unglaublich das sich anhören mag, aber der Grad der Aktivität wird bereits im Mutterleib beeinflusst. Nämlich dadurch, dass sich die Mutter viel oder wenig bewegt; dass sie hektisch oder ruhig, angespannt oder entspannt ist. Durch unterschiedliche Bewegungen der Mutter, und deren Gefühlsaufwallungen bewegt sich auch das Kind mit. Verhält sich also die Mutter extrem, wird das Kind darauf ebenfalls mit einem Extrem reagieren.

Ich möchte drei Stadien der Nachahmung unterscheiden:

Nach der Geburt, im ersten Stadium, imitiert das Kleinkind das Verhalten seiner Mutter. Und zwar so, wie es dies im Bauch erlebt hat. Es musste auf die Bewegungen der Mutter reagieren; es musste sich anpassen – ähnlich einem Sozius auf dem Motorrad.

Geht der Motorradfahrer in die Kurve, muss sich der Sozius mit hineinlegen, um das Fahrverhalten des Motorrades nicht negativ zu beeinflussen. Je schwungvoller und tiefer der Motorradfahrer sich in die Kurven hineinlegt, desto schwungvoller legt sich auch der Sozius in dieselben, um ein Teil des Ganzen zu werden.

Schlussendlich wird unser Neuling, der das erste Mal auf einem Motorrad mitgefahren ist, das für „normal" halten, was er erlebt hat. Er könnte denken, dass Motorradfahren bedeutet, sich immer stark in die Kurven hineinlegen zu müssen, oder – bei einem sehr vorsichtigen Motorradfahrer - dass man in den Kurven so stark abbremst, dass hineinlegen nicht nötig ist.

Der Sozius ist in unserem Fall ein kleines Kind, das in der „Bauchbadewanne" der Mutter als Beifahrer mitfährt. Immer wird ein Mensch auch der Sozius von seinen Beziehungspartnern sein, mit denen er sich umgibt und mit denen er sein Leben teilt.

Anhand dieses Beispiels sehen Sie, dass das Verhalten der Mutter – übrigens auch im Hinblick auf die Kontakte, die sie hat – das Kind im Leib beeinflussen muss. Nachdem es also geboren ist, fängt es an, zuerst einmal die Heftigkeit oder Sanftheit der mütterlichen Bewegungen und Aufregungen zu imitieren. Und dies so lange, bis es merkt, dass dieses Verhalten (in seinen Augen) erfolgreich ist, oder nicht.

Entscheidet das Kind, dass sein Verhalten für sich keine Vorteile mehr bringt, ändert es dieses. Hier sind Kinder – aber auch Erwachsene - lernfähig.

Und ein erster Schritt der Veränderung ist das Kopieren ins Gegenteil. Sprich: genau umgekehrt. Da ja offensichtlich das bisherige Verhalten nicht das Richtige ist, muss es das Falsche sein. Diese Phase tritt allerdings erst dann ein – wenn sich beim Kind ein Ich-Bewusstsein herausgebildet hat. Vor allem aber musste es dem Kind möglich sein, andere Menschen und deren

Verhaltensweisen beobachten zu können. Nur so kann es Vergleiche ziehen.

Entscheidet sich dann das Kind dafür, dass sich seine Mutter „falsch" verhält, versucht es, sich anders als die Mutter zu verhalten; nämlich: „richtig". Und das heißt: es verhält sich auch in den Punkten, in denen die Mutter vielleicht erfolgreiche Strategien anwendet, anders und lehnt es ab, die Mutter weiterhin zu kopieren. Es verallgemeinert und schließt von einer Schwäche auf das ganze System. Dieser Schritt findet häufig im Jugendalter statt und ist das zweite Stadium der Nachahmung.

Im dritten Stadium werden eigene Ausdrucksmöglichkeiten gesucht, die weder eine Kopie noch eine Konter-Kopie des erlernten Verhaltens sind; erfolgreiche Strategien der Mutter werden übernommen, erfolglose verändert und neue von anderen Menschen dazugelernt. Um dies umsetzen zu können, ist die Fähigkeit, das eigene Verhalten beobachten und überprüfen zu können, unbedingt notwendig. Und offen gesagt: viele erreichen dieses Stadium nie.

Übrigens sei „die Mutter" (nach der Geburt) hier nur stellvertretend für die engsten Bezugspersonen (wir wollen schließlich den Vater nicht vergessen!) eines Kindes genannt. Und ebenso sei Ihnen die Fähigkeit nicht abgesprochen, eigene Verhaltensweisen entwickeln zu können. Gehen wir hier ruhig einmal von einem 50:50 Verhältnis aus. Die Hälfte ist Erziehung, die Hälfte eigener Wille. Und der Wille ist schon im Mutterleib aktiv.

Je mehr Bezugspersonen mit dem Kind in Beziehung treten, desto eher wird ihm bewusst, wer es ist und wie es ankommt. Ich-Bewusstheit folgt nur auf den Vergleich mit anderen. Einen Vergleich kann das Kind nur dann anstellen, wenn es etwas anderes kennen gelernt hat, wenn es die Grenzen seines Lebens erweitert. Dem Kind werden andere Verhaltensweisen aufgezeigt, wenn es gesehen hat, wie es woanders zugeht. Dass woanders anderes „normal" ist. Das ergibt sich meist durch Besuche bei Freunden und zuerst in der Krabbelgruppe, im Kindergarten, der Schule, weshalb diese Einrichtungen und auch einige gutmeinende Bezugspersonen außerhalb der Kernfamilie sehr wichtig als Vergleichs- und damit Entwicklungsmöglichkeiten des Kindes sind.

Aus pädagogischer Sicht ist es durchaus sinnvoll, dem Kind viele Vergleichsmöglichkeiten zu bieten. Diese sollten allerdings durch einen Menschen gestützt und locker beaufsichtigt werden, mit dem das Kind eine tragfähigen Beziehung hat. Denn nur in einer Beziehung, also, wenn das Kind sich mit einem anderen Menschen verbunden und angenommen fühlt, wird es Verhaltensweisen und Ideen vom Gegenüber annehmen.

Deshalb nutzt es auch nichts, das Kind permanent mit vielen Menschen, denen es nur kurz begegnet, zu überfordern. Wenige, intensive, gefühlsmäßige Beziehungen zählen mehr als noch so viele, gut gemeinte, Verwandtschafts- und Bekanntschaftsbesuche. Was ist eine gefühlsmäßige Verbundenheit; eine echte Beziehung? Beide mögen sich, fühlen sich beieinander wohl, fühlen sich angstfrei oder zumindest angstarm, können offen sprechen, ohne Bestrafung oder Missachtung fürchten zu müssen.

Und jetzt fragen Sie sich noch einmal: In welchem Stadium sind Sie? Ist Ihnen bewusst, wie Sie sich verhalten und von wem Sie Verhaltensweisen übernommen haben? Was ist an Ihrem Verhalten einzigartig?

Sammeln Sie gute und erfolgreiche Verhaltensweisen anderer Menschen. Auch von denen, die Sie bisher unreflektiert abgelehnt haben. Nehmen Sie diese in Ihr Repertoire auf. Und sortieren Sie den Rest aus! Werden Sie einzigartig!

Lernen ist die größte Stärke der Menschheit kennen – lernen Sie von allen Menschen, die Sie umgeben, prüfen Sie es und behalten das Beste.

7. Aktiv sein

Gut, Sie haben vielleicht inzwischen erkannt, dass Sie in vielem zu passiv sind. Sie haben erkannt, dass Ihr Verhalten dazu beiträgt, dass Sie (noch) nicht erfolgreich sind.

Jetzt können Sie sich zurücklehnen und darüber klagen, was Ihnen Ihre Eltern „beigebracht" haben. Oder – Sie denken darüber nach, wie Sie es schaffen können, aktiver zu sein, damit Sie mehr Chancen auf Erfolg haben.

Fangen Sie an, zu trainieren!

Nein? Jetzt nicht? Einfach so loslegen? Und das soll funktionieren?

Ohne Plan und effizientes Handeln geht es natürlich nicht. Vollkommen richtig. Das, was Sie tun, sollte Hand und Fuß haben. Verstärkte Aktivität heißt noch lange nicht mehr Erfolg. Gebündelte Aktivität aber schon. Gebündelt und geplant mit Herz und Verstand auf große Ziele hin – das ist das anzustrebende Ideal.

Hierbei ist es wichtig, dass Sie sich auf dem Weg zum Erfolg bei Laune halten. Sorgen Sie ab und zu auch einmal für Zerstreuung, Entspannung und faules Nichtstun. Der „Zeitverlust" durch solche Unsinns-Tätigkeiten ist kein echter, sondern bewirkt ein Kräfteaufbau, ein Durchatmen und Neujustieren.
Haben Sie Geduld. Erfolg findet Sie langsam – aber gewaltig.

Und bevor Sie sich jetzt in unnütze Aktivitäten stürzen, möchte ich, dass Sie sich besser kennen lernen.
Wie aktiv sind Sie bereits? Beobachten Sie Ihr Leben: wie rege sind Sie körperlich und geistig? Sind Sie eher ein „Sprinter" oder ein „Marathonläufer"? Wie sieht es bei Ihnen mit dem Verhältnis aus zwischen dem, was Sie denken und dem, was Sie tun? Helfen Ihnen Ihre Gefühle oder sind sie eine Last?

Welche Bedeutung haben Aktivitäten für Sie? Wer sind Ihre Vorbilder? Wie hoch ist Ihre Leistungsfähigkeit?

Die Leistungsfähigkeit nimmt nicht ab, je mehr Sie tun, sondern interessanterweise steigert sie sich, je aktiver Sie sind.

Mit einem Nachteil: nach einer langen Phase verstärkter Aktivität fällt Ihnen Entspannung schwerer als sonst. Der ganze Organismus ist in Aufruhr und wird unruhig, wenn eine Pause ihn zur Ruhe zwingt. Deshalb fangen Sie schon frühzeitig damit an, Pausen in Ihre Tagesstruktur einzuplanen und sich Entspannungsverfahren anzueignen. Sie werden sie brauchen. Nach einer kurzen, entspannenden Pause sind Sie frischer und leistungsfähiger und können wieder loslegen.

Aktivität ist also ein erlernbarer Faktor. Umso mehr, als Erkenntnisse in der Neurobiologie bestätigen, dass psychische Phänomene den Körper beeinflussen.

Wie ist es also möglich, den eigenen Aktivitätsgrad zu steigern? (Was Sie notwendig brauchen, um erfolgreich zu sein). Hier hilft nichts weiter als Training, Training und noch einmal Training.

Im Kleinen wie im Großen ist Bewegung bedeutend. Körperliche Bewegung zieht geistige nach sich und umgekehrt.

Unternehmen Sie etwas, arbeiten Sie intensiver, härter, seien Sie kreativer, versuchen Sie die Welt aus den Angeln zu heben! Wenn nicht jetzt, wann dann?

Setzen Sie sich Ziele und arbeiten Sie darauf hin. Holen Sie mehr aus sich heraus! Sie haben Reserven. Vor allem, wenn Sie Ihre Ziele klar vor Augen sehen, flammt neue Motivation auf und setzten Energie frei.

Was denken Sie, welcher Mensch wohl erfolgreicher sein wird? Jemand, der nur das Notwendigste erledigt, oder jemand, der mehr tut als man von ihm verlangt?

Nur aktive Menschen können erfolgreich sein. Seien Sie aktiv!

8. Schnell! Schnell!

Wenn Sie schnell etwas erreichen wollen, dann sollten Sie mit Härte, Druck und Selbstdisziplin gegen sich vorgehen. Nur mit einem autoritären Führungsstil sind schnelle Veränderungen erreichbar.

Auf Dauer werden Sie sich allerdings gegen zu viel Druck (auch, wenn er von Ihnen selbst kommt) wehren.

Deshalb ist es sinnvoll, große Veränderung langsam herbeizuführen. Setzen Sie sich erreichbare Ziele. Auch wenn diese noch nicht das sind, was Sie wirklich erreichen wollen. Verzichten Sie auf Perfektionismus!

Etwas getan ist immer noch besser, als nichts getan – auch wenn Sie dieses Nichts perfekt planen, um irgendwann ein Meisterwerk daraus zu machen. Die Frage bleibt: Was tun Sie jetzt?

Arbeiten Sie daran, sich selbst besser zu verstehen; arbeiten Sie an der Qualität Ihrer Beziehungen; arbeiten Sie daran, sich selbst intensiver spüren und erleben zu können.

Dann werden Sie besser verstehen, was Sie eigentlich wollen. Ihr Inneres spricht zu Ihnen. Hören Sie zu! Seien Sie in dem, was Sie tun, konsequent. Erlauben Sie sich nicht allzu lange auf der Stelle zu treten oder abzuschweifen. Es lenkt Sie nur ab.

Sind Sie auch ein: „Ich will ja, *aber* ..." –Typ? Einer, der stets ein „aber" auf den Lippen hat, und damit doch nur „nein" sagt? Oder gar ein „Da könnte *man* ..." – Typ? Jemand, der von anderen vollen Einsatz verlangt, sich selbst aber taktisch klug heraushält?

Wenn Sie etwas erreichen wollen, dass darf es kein „aber" und kein „man" geben.

Sie wollen etwas erreichen? Dann ziehen Sie Ihr Ding durch!

9. Verborgene Kräfte

Sie haben Gefühle, wie jeder andere Mensch auch.

Ich weiß: das ist nichts Neues. Stimmt. Es ist nicht neu, aber die Bedeutung, die ich Ihren Gefühlen zuschreibe, ist es.

Wenn Sie Ihren Verstand arbeiten lassen, vergessen Sie nicht, Ihre Gefühle zu berücksichtigen! Denn die sind kapriziös. Sie lassen sich nicht kontrollieren und kommen und gehen, wann Sie wollen. Viele Vorhaben scheitern nicht am guten Willen oder am positiven Denken. Sie scheitern, weil „komische" Gefühle Ihnen einen Strich durch die Rechnung machen.

Deshalb ist es wichtig, dass Sie Ihre Gefühle besser kennen lernen. Denn die sind älter und unberechenbarer als Ihr Verstand.

Auch wenn immer noch behauptet wird, dass Tiere keine großen Gefühle haben, kennen auch diese Gefühle (Pflanzen übrigens auch). Nämlich Angst, die alle Fluchttiere nach vorne treibt, und

Wut, die es Raubtieren erst möglich macht, nach ihrer Beute zu jagen.

Diese Urgefühle sind auch beim Mensch angelegt. Die ersten Menschen mussten mit diesen Gefühlen zusammenleben. Angst war nötig, um schnell reagieren und fliehen zu können; Wut, um ein Tier erbeuten oder sich und seine Horde verteidigen zu können.

Auch bei uns modernen Menschen spielen diese Gefühle bereits seit unserer Geburt eine primäre Rolle. Der Geburtskanal ist eng und die Zukunft ungewiss. Das Kind bekommt Angst. Gleichzeitig spürt es, dass es so weit ist: es muss und will geboren werden. Deshalb fängt es an, mitzuarbeiten, zwängt sich durch den engen Geburtskanal und wird ungeduldig, wenn es nicht schnell genug voran geht. Dazu spürt es, dass es kein Zurück mehr gibt. Die Mutter will es aus dem Bauch haben. Jetzt wird das Kind wütend. Wie ein kleiner „Hulk" schöpft es neue Kraft aus seiner Wut, besiegt schließlich die Angst vor dem Steckenbleiben und wird geboren.

Sie sehen: Angst und Wut werden bereits bei der Geburt vom Kind benutzt, um etwas zu erreichen. Die beiden sind die stärksten Gefühle eines Menschen und können viel bewegen.

Ohne Ihre Angst und ohne Ihre Wut wären Sie nie geboren worden!

Leider verkümmert die Fähigkeit, unmittelbar im Einklang mit den eigenen Gefühlen arbeiten zu können. Das Kind ist so beschäftigt, sich mit den vielen, neuen Sinneseindrücken der Welt auseinander zu setzen, dass es die Innenschau, die Kommunikation mit sich selbst, vernachlässigt.

Wie steht es um Ihre Innenschau?

Gefühle sind wichtig! Sie sollten sich wieder einmal Zeit dafür nehmen. Unterhalten Sie sich mit Ihren Gefühlen! Was wollen die von Ihnen? Versuchen Sie, Ihre Gefühle stärker wahrzunehmen.

„Wieso?", werden Sie sich jetzt fragen. „Wieso soll ich meine Gefühle aufwühlen, wo ich doch froh bin, dass sie mich nicht weiter stören?"

Gut! Dann fühlen Sie sich also schon glücklich?
Nein? Dann lesen Sie bitte weiter.

Wenn Sie sich mit Ihren Gefühlen beschäftigen, dann haben Sie wenigstens teilweise Kontrolle darüber. Deshalb: suchen Sie Ihre Gefühle auf und lernen sie diese neu kennen.

Gefühle sind ein Teil von Ihnen. Auch wenn der „böse Onkel" darunter ist. Sie gehören alle zu Ihnen! Mögen sie liebend, sorgend oder manchmal auch eifersüchtig und zornig sein. Alle gehören zu Ihrer inneren „Familie" und wollen von Ihnen angenommen werden.

Wer seine Gefühle kennt, spürt genau, was richtig und was falsch ist. Er wird sich nicht irritieren lassen durch die Meinung anderer oder den logischen Verstand; ebenso wenig durch übersteigerte Angst oder Wut.

Er kennt die Nuancen seines Gefühlserlebens gut und „riecht", „schmeckt" und „erfühlt" Veränderungen in Beziehungen zu anderen Menschen.

Vergleichbar mit einem Maler, der einen ganzen Farbkasten voll mit unterschiedlichen Farben hat. Er kennt sie alle und weiß sie gewinnbringend einzusetzen. Die Bilder des Malers sind stets ausdrucksstark und vielschichtig. Im Gegensatz dazu steht eine Mehrzahl klassischer Schwarz-Weiß-Maler. Gut-Böse. Sonst nichts. Für glückliche Menschen ist das allerdings zu wenig.

Schöpfen Sie Kraft aus dem kontrollierten Umgang mit Ihren Gefühlen!

10. Gefühle sprechen lassen

Die Menschen unserer Zeit kommunizieren in erster Linie über Sprache und Schrift.

Dass es noch mehr Wege gibt, sich Botschaften zu übermitteln, ist bekannt. Die nonverbale Kommunikation ist gemeint. Doch, was kann man darunter verstehen?

Nicht nur Ihr Körper bewegt sich und „spricht" mit anderen. Auch Stimmungen und Gefühle schwingen durch den Raum wie ein Ton der auf einem Saiteninstrument klingt. Dieser Ton wird von jemanden erzeugt, der eine Saite auf seinem Instrument angeschlagen hat und deshalb auch andere Saiten ebenfalls zum Klingen bringt, wenn diese in der Lage sind, den gleichen Ton erzeugen zu können. Machen Sie den Test mit zwei Gitarren in einem Raum. Sie werden sich wundern.

Damit meine ich, dass beispielsweise ein trauriger Mensch in einer Gruppe die Saite der Traurigkeit angeschlagen hat. Sensible Menschen, die ebenfalls diese Saite an Ihrem Gefühlsinstrument haben, reagieren auf diesen Ton. Sie werden ebenfalls traurig.

Diese Art der Kommunikation möchte ich „Gefühlssprache" nennen. Es ist die Sprache der Beziehungen und wird von allen Menschen gesprochen und zumindest zum Teil weltweit auch verstanden.

In dieser Sprache gibt es – wie meist - mehr Sprechende als verständnisvolle Zuhörer. Wer diese Sprache verstehen kann, ist auch in der Lage, sie zu sprechen; letztendlich versteht sie jedes Lebewesen. Sie hat etwas von einer rudimentären und alle verbindenden Zeichensprache. Man versteht, ohne zu wissen und ohne sich sicher zu sein, das Richtige „gehört" zu haben. Aber es existiert.

Die „Gefühlssprache" kann nur von dem wirklich verstanden werden, der sich und seinen Gefühlen traut. Jemand, der sich sicher ist, dass seine Gefühle echt sind und diese auch einordnen kann. Jemand, dessen Instrument den angeschlagenen Ton kennt und der mitschwingen kann und will.

Gefühle empfinden zu können, ist eine menschliche Fähigkeit, die Sie ausbauen sollten. Gefühle unterscheiden lernen die nächsthöhere Stufe und Gefühle äußern und ausdrücken können ist das Ziel, welches Sie anstreben sollten.

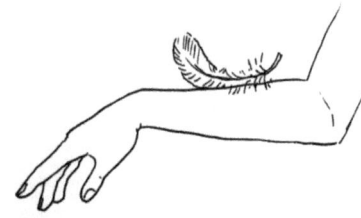

Beherrschen Sie die Gefühlskommunikation „fächerübergreifend", das heißt, Sie können auch darüber sprechen, was Sie gerade empfinden, dann werden andere Menschen daran Anteil nehmen und darauf reagieren können. Und das ist wahre Stärke!

Was glauben Sie, wie viele Vorteile Sie genießen würden, wenn Sie die „Gefühlssprache" verstehen und sprechen könnten?

Lernen Sie die Gefühlssprache und gewinnen Sie damit an Sicherheit!

11. Mehr wahrnehmen

Schulen Sie Ihre Wahrnehmung! Nehmen Sie die Reaktionen Ihres Körpers und Ihrer Psyche wahr und lernen Sie, diese zu deuten.

Versuchen Sie herauszufinden, weshalb die Reaktionen auftreten.

Gehen Sie ruhig einmal von Vorurteilen aus. Vorurteile sind wichtig. Es sollten aber auch nur Vor-Urteile sein und jederzeit wieder revidiert werden können. Gehen Sie der Sache auf den Grund! Verharren Sie nicht bei einer Meinung. *Die richtige Meinung gibt es nicht!*

Erforschen Sie ebenso Ihre Gefühle! Sie werden von ihnen kontrolliert. Erkennen Sie die Zusammenhänge zwischen dem, was Sie fühlen und dem, wie Sie Ihr Leben gestalten. Reißen Sie die Wand nieder, die Sie von Ihren Gefühlen trennt.

„Wird das weh tun?"

Nicht notwendig. Nur leider ist Schmerz häufig das erste Gefühl, zusammen mit Angst und Wut, welches Ihnen begegnen wird. Und Schmerz ist unangenehm.

Welchen Sinn hat es, Schmerzen bewusst wahr zu nehmen? Ist das nicht Unsinn? Es gibt doch Schmerztabletten und Schmerztherapien?

Natürlich können Sie Ihren Schmerz betäuben. Damit betäuben Sie aber gleichzeitig auch den einzigen Zugang zu Ihren Gefühlen. Und – wird ein Gefühl „verdrängt", folgen ihm sofort die anderen nach. Sie fliehen alle. Ihre Gefühls-Bande gehört zusammen wie Pech und Schwefel und will es auch bleiben. Wenn Sie den einzigen Zugang zu Ihrer Gefühls-Höhle abschließen, dann gehen Ihnen auch die „guten" Gefühle durch die Lappen. Ihr vielgesuchtes Glück verschanzt sich irgendwo zwischen seinen Gefühlsgeschwister und ward nicht mehr gesehen.

Also – was will Ihnen Ihr Körper sagen, wenn er vor Schmerzen schreit?
Er schickt Ihnen eine Botschaft. Sein Herold ist der Schmerz und er schreit nur deshalb so laut, weil er etwas Wichtiges mitzuteilen hat. Außerdem haben Sie vorher, als er leise gesprochen hat, nicht hingehört. Hören Sie ihm aber wenigstens

jetzt zu. Sonst provozieren Sie, dass er noch lauter schreien muss und das tut dann richtig weh.

Horchen Sie in sich hinein. Weshalb krabbeln Ameisen auf Ihrem kahl gewordenen Baum des Lebens? Wo stimmt das, was Sie tun - und das, Sie wirklich wollen - nicht überein?

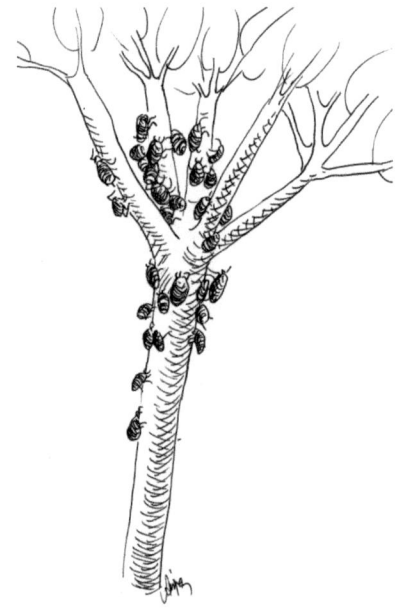

Vertrauen Sie Ihrem Körper und Ihr Körper wird Ihnen vertrauen. Er ist Ihr bester Freund, nicht nur ein dummes Anhängsel Ihres Ichs. Ihr Körper ist Ihre Heimstatt.

Er will erhalten und gepflegt werden und sucht nach liebevoller Behandlung – gerade weil er vergänglich ist. Und deshalb sollten Sie auch gut mit ihm umgehen.

Schaffen Sie es, Ihrem Körper und seinen Gefühlsäußerungen zu vertrauen, dann lernen Sie auch, sich selbst zu vertrauen.

Sind Sie in der Lage, sich selbst zu vertrauen, fangen Sie auch an, anderen Menschen Ihr Vertrauen zu schenken. Sie sind imstande, tragfähige Beziehungen zu anderen aufzubauen und zu halten.

Am besten natürlich zu erfolgreichen und aufstrebenden Menschen. Menschen, die eine ausgezeichnete Wahrnehmungsgabe besitzen; die Spaß am Lernen haben, für die Probleme eine Herausforderung sind, der Sie sich gewachsen fühlen und die dem Leben und der Zukunft insgesamt positiv entgegentreten.

Können Sie anderen Menschen vertrauen, dann vertrauen Sie auch auf eine Welt, die vor allem Gutes für Sie bereithält. Ihre Welt! Ihre eigene Welt voller überraschender Aufgaben und herrlicher Freuden.

Vertrauen Sie Ihren Wahrnehmungen!

12. Weißblindheit

Und wo wir schon einmal beim Thema sind. In letzter Zeit tritt gehäuft eine „Krankheit" auf, die zwar bisher wenig erforscht ist, dafür aber gravierende Folgen hat. Erkrankte betreten einen Raum und das erste, was Ihnen auffällt , ist die Farbe: Schwarz. Was Sie allerdings überhaupt nicht sehen können, ist: Weiß.

Können Sie diese Symptome auch bei sich beobachten? Es tut mir leid, Ihnen das so hart sagen zu müssen, aber hier ist klar, welche „Diagnose" Sie haben: Sie sind weißblind!

Weißblindheit hat zur Folge, dass Sie die Farbe weiß überhaupt nicht und helle Farben nur schemenhaft wahrnehmen können.

Das wäre ja nicht weiter schlimm, wenn es nicht so viele helle Sachen gäbe. Sie sehen also die Hälfte dessen, was sich in einem Raum befindet, überhaupt nicht oder nur schemenhaft.

Dazu kommt eine starke Nebenwirkung der Weißblindheit. Nämlich die, dass Sie vor allen Dingen auf die Farbe Schwarz überreagieren. Wann immer in einem Raum Schwarz vorkommt, fühlen Sie sich magisch von dieser Sache angezogen. Ihre Wahrnehmung verengt sich und Sie bekommen nichts mehr mit, was um Sie herum passiert. Diese Nebenwirkung wird bald zu einem riesigen Problem, weil sich fast in jedem Raum eine dunkle Farbe befindet.

Die Kraft, die Schwarz und, in leicht abgeschwächter Form, auch andere Dunkeltöne, auf Sie ausüben, ist vergleichbar mit der Macht, die ein bestimmter Ring in einem Mittelerdenepos auf alle hat, die mit ihm in Berührung kommen.

Jeder Mensch nimmt selektiv wahr! Sie wählen aus, was Sie sehen wollen. Und das ist in Ihrem Fall: Schwarz und Dunkeltöne. Drehen Sie den Spieß doch einmal um und strengen sich an, helle Farben zu sehen.

Die einzig sinnvolle Therapie ist es, dass Sie sich wieder und immer wieder mit der Farbe Weiß konfrontieren und auseinander setzen. Lernen Sie, Umrisse von hellen Sachen zu erkennen und suchen Sie zu deuten, was sich dahinter verbirgt.

Entreißen Sie sich der Macht der Farbe Schwarz! Lassen Sie nicht zu, dass eine Farbe Ihr ganzes Leben bestimmt! Diese Kombinations-Therapie hat bisher die höchste Erfolgquote aufzuweisen.

Weiß ist eine schöne Farbe. Versuchen Sie, sie wahrzunehmen!

13. Mein Körper

Ihr Körper ist einzigartig, wissen Sie das? Niemand sonst, kein lebender Mensch und auch kein Mensch vor oder nach Ihnen besaß oder besitzt ihn: diesen, Ihren Körper. Das sollte Sie mit Stolz erfüllen.

„Aber ich finde mich doch zu dick … unförmig … unattraktiv" Na und! Ist es denn so wichtig, wie Ihr Körper aussieht? Können Sie ihn nicht auch so lieben?

Stellen Sie sich ein Kätzchen vor, das ein Bein verloren hat und hinkt. Dieses Kätzchen rührt Ihr Herz und Sie nehmen es zu sich mit nach Hause. Lieben Sie es weniger, weil es nur ein Bein hat? Finden Sie es hässlich?

Nein! Sie finden es süß, wollen es beschützen und lieben es sogar desto mehr, *weil* es diese Einschränkung hat.

Auch Sie haben „ein Bein verloren". Auch Ihr Körper ist nicht perfekt. Können Sie ihn nicht trotzdem lieben – so, wie Sie das Kätzchen lieben würden? Gerade deshalb, *weil* er nicht perfekt – und damit einzigartig – ist?
Betrachten Sie sich einmal nackt im Spiegel. Seien Sie stolz auf sich und Ihren einzigartigen Körper! Wie einmalig und gut dieser Körper, trotz seiner Schwächen funktioniert! Es ist ein Wunder!

Fangen Sie damit an, Ihren Körper zu lieben, dann finden Sie auch einen Partner, der ihn lieben kann. Sie strahlen das aus, was Sie sich selbst geben.

Gehen Sie gut mit Ihrem Körper um.

Bewegen Sie sich ergonomisch, tun Sie Ihrem Körper Gutes und präsentieren Sie ihn in seinem besten Licht. Dann strahlt auch das Glück aus Ihnen heraus, Glück darüber, dass Sie in und mit diesem einzigartigen Körper leben!

Und das ist schließlich das größte Wunder! Sie sind einer von nur sieben Milliarden Menschen auf dieser Welt. Einer der letzten lebenden Menschen! Eigentlich unglaublich.

Das haben Sie erreicht. Zusammen mit Ihrem Körper. Loben Sie sich und Ihren Körper. Sie sind eine Meisterleistung! Beethoven, Goethe und Rembrandt liegen tot im Grab. Und Sie? Sie leben!

Ihr Körper ist Ihnen geschenkt worden. Nehmen Sie dieses Geschenk an!

14. Etwas oder nichts suchen

Ein freier Geist wohnt in einem freien Körper und inspiriert zu freien Handlungen.

Das kennt ein Süchtiger nicht und wird es nie kennen lernen. Er ist gebunden an seinen „Suchtstoff. Und vor lauter Stolz will er sich nicht eingestehen, dass er wirklich abhängig ist. Weder vor sich selbst, noch vor anderen.

Zu den Süchten „light" zählen zum Beispiel:
Häufiges Rauchen, Alkohol, Kaffee- und Schwarztee trinken, Schmerzmittel einnehmen, Fernsehserien lückenlos verfolgen, exzessiver Spielkonsolen-, Internet- und Handygebrauch.

Verhalten, die Suchtpotential in sich bergen, wenn Sie übermäßig oder allzu regelmäßig gebraucht werden.

Und obwohl diese Sucht eine „light"-Version ist, befassen Sie sich einige Stunden am Tag in Gedanken mit Ihrem „Suchtstoff".

Sie verschieben Termine, merken „Entzugssymptome", bauen Ihre Sucht wie zufällig in den Alltag ein, fühlen sich krank, wenn Sie diese nicht befriedigen können.

Und vor allem bleibt es nicht dabei. Sie erinnern sich? Alles ist im Wandel. Auch die Erfüllung Ihrer Sucht. Jede Sucht tendiert dahin, dass Sie nach einer Steigerung verlangt, weil Sie schon abgehärtet sind, was die „normale" Dosis angeht.

Dazu bindet Sie die Sucht „light" körperlich an sich. Sei es auf dem Stuhl beim Multimedia-Konsum, draußen in der Kälte beim Rauchen oder am Ohr beziehungsweise am Daumen beim Handygebrauch.

Süchte haben gemeinsam, dass sie scheinbaren Genuss versprechen, aber das Denken („ich brauche jetzt erst einmal ..."), Handeln („es muss immer etwas da sein") und die Gefühle („erst dann werde ich ruhiger") negativ beeinflussen.

Ist es Genuss, wenn der Hunger gestillt ist?
Ja, für einen Augenblick. Und dann? Nach dem Hunger ist vor dem Hunger und schon fängt es wieder leise im Bauch an zu grollen ...

Was suchen Sie eigentlich? Weshalb brauchen Sie Suchtmittel?
Was wollen Sie damit erreichen?
Vielleicht gibt es auch andere Wege zum Glück?
Dieser ist jedenfalls ein Irrweg und das spüren Sie insgeheim auch. Sie vertrödeln Ihre Zeit und Energie mit unnützen Handlungen!

Wenn Sie erfolgreich sein wollen, dann fangen Sie jetzt damit an, abstinent zu werden! Das ist ein ausgezeichnetes Übungsfeld und bestens dazu eignet, Ihre Willensstärke zu testen. Wenn Sie das schaffen, ist alles andere auch möglich.

Wollen Sie Ihre Sucht wirklich aufgeben?

Wenn ja, dann sofort! Warten Sie nicht erst auf den nächsten „offiziellen" Anlass! Warten Sie nicht, bis das Buch zu Ende ist. Tun Sie es jetzt!

Bleiben Sie hartnäckig und kämpfen gegen Ihre Nachgiebigkeit. Heimsen Sie erste Erfolge ein und befreien sich von dieser Sklaverei!

Wenn Sie es nicht schaffen, war es zumindest einen Versuch wert. Sie haben Erfahrungen gesammelt. Auch ganz nett. Und beim nächsten Versuch können Sie daran anknüpfen.

Hängen Sie bloß nicht Ihr ganzes Glücksstreben an diesen einen Nagel. Er ist nur einer unter vielen. Sie können natürlich auch trotz Sucht glücklich werden. Allerdings nicht so intensiv, da Sie Gefühle unterdrücken und das ist schade.

Glück ist unbestechlich. Sie müssen sich im realen Leben dafür anstrengen.

15. Ziele treffen

„**K**leinvieh macht auch Mist."

Wie können Sie ein Ziel erreichen, wenn Sie es gar nicht anvisieren? Wenn Sie nur eine undeutliche Vorstellung von Ihrem Ziel haben?

Gar nicht! Genau!

So lange Sie in einer Art Blindvisierung versuchen, irgendwelche, undefinierbaren und dadurch unerreichbaren Ziele zu treffen, sitzt kein Schuss.

Was Sie brauchen, ist weniger die richtige Waffe und die richtige Munition, als den Mut, ein bestimmtes Ziel zwischen Kimme und Korn zu fixieren, ruhig zu bleiben und dann abzudrücken, wenn Sie sicher sind, dass der Schuss trifft.

Sie sollten lernen, sich zu beherrschen; sich zu kontrollieren, auf schnelle, unmittelbare Befriedigungen zu verzichten und stattdessen kontinuierlich große Ziele anzuvisieren.

Damit meine ich, dass Sie beispielsweise auf das wöchentliche Essengehen verzichten und das Geld sparen, um sich damit später ein neues Auto leisten zu können. Sie verstehen?

Sie merken, ich beziehe Geld in das Erfolgssystem mit ein. Das tue ich deshalb, weil Geld Ihnen helfen kann, sich Ihre Träume zu erfüllen. Geld kann Ihnen Gutes tun – wenn Sie es zulassen.

Ja, werden Sie vielleicht jetzt sagen: „Das ist ja richtig, aber …"
Nur leider nutzt Ihnen dieses „aber" nichts. Und am Ende werden Sie das Geld für das neue Auto nicht haben, sondern Schulden.
„Ach, die paar Euro – darauf kommt es doch jetzt nicht mehr an."
Falsch! Auf jeden Cent kommt es an!
„Aber ich habe so viele Schulden …"
Ja, Sie haben viele Schulden. Und es werden so garantiert noch mehr, wenn Sie weiter so kopf- und verantwortungslos handeln.

Vergleichbar mit einem Kutscher, dessen Pferde ausgebrochen sind und der – da ihm alles egal ist – den Pferden auch noch die Peitsche gibt, damit sie extra weit davon galoppieren.

Kontrollieren Sie sich! Verweigern Sie sich kleine Wünsche, um nach großen Träumen greifen zu können.

Die Palmen wachsen Ihnen nicht entgegen, aber wenn Sie unter sich einen Berg von Cent-Stücken aufgetürmt haben, kommen Sie irgendwann in die Baumkrone und können sich an den Kokosnüssen bedienen.

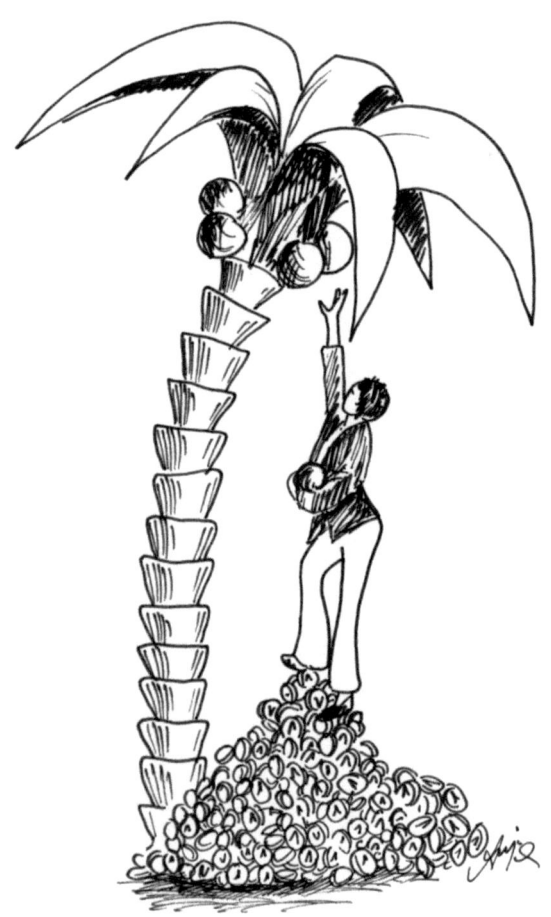

Dazu sollten Sie versuchen, Ihren Charakter zu formen, indem Sie sich und Ihren Einstellungen treu bleiben. Nur so werden Sie als einzigartiger Mensch auch von anderen wahrgenommen und respektiert. Nur so haben Sie die Chance, Ihre Ideen auch in die Tat umsetzen zu können. Selbstdisziplin ist eine Charakterfrage.

Nur wer genau zielt und schießt, trifft auch!

16. Fokusierung

Konzentrieren Sie sich auf eine Sache.

Versuchen Sie, die Aufgaben oder Ideen grob zu ordnen und lassen dann alles andere liegen – außer Ihrer Aufgabe. Eine einzige Sache picken Sie sich aus dem Wust heraus und gehen diese an.

Günstig wäre es natürlich, wenn Sie bereits Talent für diese Sache mitbringen. Das macht es leichter und Sie können sich auf Dauer besser motivieren. Es geht aber auch ohne.

Beharrliche, harte Arbeit ersetzt Talent. Denn dies findet sich auf dem Weg automatisch ein (wie das Glück). Nehmen Sie sich eine Aufgabe vor und packen Sie diese an!

Ich weiß: um sich auf eine Sache konzentrieren zu können, müssen Sie sich vorher entscheiden. Und damit haben Sie Ihre Probleme. Eine Entscheidung für eine Sache ist immer auch ein Verzicht auf alles andere. Sie müssen lernen, Abschied von Möglichkeiten nehmen zu können.

Übernehmen Sie nur eine Aufgabe. Nicht mehr.
„Aber - ist das nicht zu wenig? Nur eine Aufgabe?"
Nein! Es ist nur dann zu wenig, wenn Sie sich ihr nicht mit vollem Verstand und ganzem Herzen widmen, sondern weiterhin schwanken, ob die Entscheidung die richtige war.

Tun Sie nur das, was Sie jetzt tun! Nicht mehr. Aber – tun Sie das, was Sie tun, so gut wie Sie nur können!

Seien Sie nicht wie ein Wanderer, der durch einen Wald läuft und vor lauter Wald keine Bäume und keinen Weg mehr sieht.

Seien Sie ein Wanderer, der aufmerksam ist. Bleiben Sie einfach einige Minuten lang ruhig stehen und lassen sich überraschen, was Sie alles wahrnehmen. Sie werden registrieren, dass Sie vor einem Baum stehen; einer bestimmten Baumart. Sie werden feststellen, wie alt der Baum ungefähr sein muss, welche Jahreszeit jetzt ist, welche Lebewesen noch im und um den Baum wohnen. Sie tauchen ein in die Welt dieser riesigen

Pflanze und seiner Umgebung und erleben nebenbei Wunder, die im Kleinen passieren. Das alles sehen Sie nur, wenn Sie genau hinschauen. Dann gehen Sie vielleicht zu diesem Baum hin, streichen über seine raue Borke und spüren, wie er sich anfühlt. Ob die Rinde nass oder trocken, hart oder weich ist. Sie können erkennen, ob Käfer in der Rinde sind, wenn Sie auf die kleinen Löcher und feinen Späne am Fuße des Stammes achten und noch vieles mehr.

Ein flüchtiger Blick bewirkt, dass Sie die Sache erkennen und vielleicht auch benennen können.

Sie haben zwar einen Begriff von der Sache, aber sonst auch nichts. Wenn Ihnen das genügt, dann kommen Sie nie in den Genuss, mehr darüber zu erfahren. Wenn Sie sich auf Details konzentrieren, dann fangen Sie an, die Sache wirklich zu erforschen; mit allen Ihnen zur Verfügung stehenden Mitteln.

Und wenn Sie mehr Informationen haben, fällt es Ihnen auch leichter, sich auf diese Sache konzentrieren zu können und Ihre Aufgaben nicht nur mittelmäßig, sondern sehr gut zu erfüllen.

Etwas mit Liebe tun, heißt, Details berücksichtigen und aus der neutralen Sache eine persönliche Angelegenheit werden zu lassen. Eine, die Sie begleitet und in die Sie gern Ihre Kraft investieren. Suchen Sie im Detail Ihre Leidenschaft zu finden!

Weniger ist mehr! Bei aller Detailverliebtheit sollten Sie trotzdem nie Ihr großes Ziel aus den Augen verlieren.

PS: Später können und sollten Sie auf mehreren Baustellen gleichzeitig tätig sein. Allerdings nur dann, wenn Sie gelernt haben, sich zu fokussieren. Erst dann!

Gehen Sie nur eine Sache an! Und machen Sie die richtig!

17. Meine Welt

Alles um Sie herum bewegt sich. Bewegung bedeutet Veränderung. Und Darwin mit seiner Evolutionstheorie hat uns gelehrt, dass Veränderung und Anpassung unsere Erde regieren.

Bewegen Sie sich, dann bewegt sich alles und jeder, der mit Ihnen zu tun hat.

Denn die Welt – wie Sie sie wahrnehmen – ist eine Welt, wie sie niemand sonst erkennt – nur Sie. Geschöpft aus Ihrem Wissens- und Erfahrungsschatz; geschöpft aus Ihren Bewertungen über das, was Sie erfahren, gefühlt, getan und gedacht haben. Es ist Ihre eigene, subjektiv bewertete, kleine Insel.

Sie nennen sie „normal". Und „normal" ist für jeden Menschen etwas anderes.

Nämlich immer das, was jemand unreflektiert erlebt hat und ebenso unreflektiert so stehen lassen will. Das ist „normal". Und das ist eine Illusion.

Es gibt „normal" gar nicht. Eine Insel ist nicht die Welt.

Deshalb ist es wichtig, dass Sie wissen, was Sie über Gott und die Welt denken. Weil Ihre Welt begrenzt ist! Und je mehr Grenzen Sie sich gedanklich setzen, desto kleiner und biederer wird sie.

Wollen Sie das wirklich?

Oder wollen Sie es schaffen, eine große, tolerante, bunte Welt zu haben, in der es Ihnen Freude macht, zu leben und Erfahrungen zu sammeln? In der Sie wie ein Ritter durch die Lande ziehen, um Land und Leute kennen zu lernen und Abenteuer zu erleben?

Erweitern Sie Ihr Wissen über sich und andere Menschen und lernen Sie kraftvolle, positive Strömungen in Ihr Denksystem aufzunehmen. Vergessen Sie „normal" zu denken.

Denken Sie frech! Es wird Sie bewegen und mit Ihnen Ihre Welt.

18. Was ich wirklich will

Haben Sie sich schon einmal gefragt, warum sie etwas ganz anderes tun, als das, was Sie eigentlich tun wollten? Warum Sie es nicht fertig bringen, Ihre Träume zu verwirklichen? Warum Sie ihr Leben einfach nicht unter Kontrolle bringen? Warum Sie von einem Misserfolg zum nächsten wandern und sich inzwischen sogar damit abgefunden haben? Warum Sie denken, dass Sie es sowieso nie schaffen werden?

Dabei sind Sie ein hilfsbereiter Mensch. Sie helfen anderen in Ihrem Umfeld, tragen Ihr Scherflein dazu bei, dass diese erfolgreich werden, investieren Zeit und Geld in andere, damit diese ihren Traum verwirklichen können.

Und Sie?

Sie weichen vor dem eigenen Erfolg zurück. Wieso? Was macht es so schwierig, erfolgreich im Leben zu sein?

Das was sie tun oder nicht tun, bestimmt ihren Alltag.

Sie kümmern sich um Ihre Kinder?
Sie sind eine gute Mutter/ein guter Vater. Sie kümmern sich darum, dass alles läuft im Job. Sie sind ein guter Arbeiter und ein guter Freund.

Aber reicht *Ihnen* das?

Wenn *Sie* glücklich werden wollen, müssen Sie sich um *sich selbst* kümmern! Eine andere Möglichkeit gibt es nicht.

Selbst Mutter Theresa kümmerte sich um sich selbst, indem Sie ihr eigenes Hilfswerk aufbaute, die Öffentlichkeit suchte und Anerkennung und damit das, was sie wollte: Liebe, von allen Seiten empfing. Sie hat Ihr Ding durchgezogen. Tun Sie es auch!

Kümmern Sie sich um sich selbst!

19. Warum immer geben?

Vielleicht sind Sie jemand, der gibt und gibt und sich fragt, warum er von den anderen nichts zurück bekommt?

Warum tun Sie das also?
Weil Sie dumm sind?
Nein! Sie sind nicht dumm, sondern handeln zweckorientiert.

„Ich?", werden Sie sich fragen. „Welches Ziel soll ich damit verfolgen? Ich habe doch nichts davon."
So denken Sie vielleicht und so rechtfertigen Sie Ihr Verhalten auch vor der Öffentlichkeit. Sie sind ja ein guter Mensch.

Jemand, der immer mehr gibt als er bekommt. Und das bestätigt Ihr edles Selbstbild.

Tja, es tut mir leid, Ihnen das jetzt sagen zu müssen, aber: das ist leider falsch!

Sie nehmen! Und zwar, so viel Sie kriegen können. Und das ist eine ganze Menge.

Natürlich geben Sie auch. Sie geben. Aber - Sie geben nach einem bestimmten Plan. Sie bedenken nur bestimmte Leute und wählen genau aus, was und wie viel Sie wem geben. Ziemlich kontrolliert, oder nicht?

Und das tun Sie schnell. So schnell, dass Ihre Hände ruckzuck leer sind, damit Sie Platz haben, diese schnell wieder zu füllen oder von anderen füllen zu lassen.

Die besten Sachen verschwinden mal eben schnell in Ihrer Hosentasche. Die schlechtesten werden als erstes an andere „Bedürftige" ausgeteilt. Besonders gerne an diejenigen, die Ihre Hilfe „nicht wirklich verdient" haben.

Und ich behaupte noch einmal: Sie nehmen mehr, als Sie geben. Verstehen Sie die Rechnung? Weshalb tun Sie das?

Es geht Ihnen um Zuwendung und Anerkennung. Sie sind jemand, der es nie gelernt hat, sich diese direkt zu holen.
Sie sind nicht der selbstbewusste, offene Typ, der sich durch Leistung profilieren kann und dem andere sich anerkennend zuwenden.

Sie haben eine andere Taktik ausgewählt, um Anerkennung zu bekommen. Aus der Not heraus, nämlich Ihrer eigenen Unsicherheit, haben Sie gelernt, sich durch Umwege heimlich, still und leise, das zu erschleichen, was Ihnen Ihrer Meinung nach zusteht. Und nach außen hin haben Sie die Samariter-Rolle übernommen, die Ihnen in gewissen Kreisen höchste Anerkennung einbringt.

„Aber ich werde doch immer nur ausgenutzt!"
Nein! Nicht immer. Und wenn Sie es merken, dann legen Sie auch die Handbremse ein.
Oder haben Sie sich noch nie von einem unbequemen Parasiten unschön getrennt? Parasiten, die mehr genommen haben, als sie Ihnen gaben? Wenn Sie dazu neigen, auch diese reihenweise durchzufüttern, dann müssen Sie sich einen Ausgleich dafür schaffen. Wo auf der einen Seite die Rechnung nicht aufgeht, muss auf der anderen Seite jemand dafür bezahlen.

Sie sind wichtig für die Menschen, die etwas von Ihnen wollen. Und diese Menschen stehen in Ihrer Schuld. Sie sind Ihnen zu Dank verpflichtet. Eine tolle Position! Man nennt es auch: Macht. Sie erwarten ein Mindestmaß an Dankbarkeit oder zumindest Schuldgefühle und dazu noch ein schlechtes Gewissen Ihnen gegenüber. Das tut Ihrem Ego gut.

Sie leben frei nach dem Motto: viel geben, Menschen an sich binden, Macht ausleben und viel nehmen.

Sie sind also weniger ein altruistischer als ein egoistischer Mensch. Glauben Sie es ruhig! Nichts geschieht ohne Zweck. Auch Ihr Handeln nicht.

Ich verurteile Sie nicht dafür. Solche niederen Beweggründe hat jeder Mensch. Nicht nur Sie. Aber ich befürworte doch Offenheit im Umgang mit eigenen Wünschen und Bedürfnissen und deren Befriedigung.

Seien Sie sich bewusst, wie Sie „ticken". Dann sind Sie auf dem Weg zum Glück wieder ein paar Schritte vorangekommen und haben außerdem einen Teil Ihrer dunklen Psyche erhellt.

Und jetzt: trauen Sie sich, offen erfolgreich zu sein.

Sie haben es in Ihrem Netzwerk des Gebens und Nehmens bereits zu etwas gebracht. Sie können organisieren, verfügen über gute soziale Fähigkeiten und besitzen bestimmt noch andere Talente, die Sie bislang nur geahnt haben.

Legen Sie jetzt die Karten auf den Tisch! Fangen Sie an, wirklich erfolgreich zu sein!

Kämpfen Sie in einem offenen Kampf um Anerkennung!

20. Nein sagen

Sie können nicht „Nein!" sagen?

Tja, dann haben Sie ein echtes Problem. Sie müssen all das tun, wozu Sie sich durch Ihr „Ja" verpflichten. Und außerdem, wozu Sie nicht „Nein" sagen wollen.

„Nein sagen - wollen? Ich kann nicht Nein sagen", werden Sie einwerfen.

Es verwundert Sie jetzt vielleicht, aber ich behaupte frech, dass Sie nicht „Nein" sagen wollen.

Bisher sind Sie davon ausgegangen, dass Sie zu schwach sind, „nein" sagen zu können.
„Jetzt kommt dieser Kerl daher und behauptet, ich will es nicht".
Stimmt! Das tue ich.

Was bringt es Ihnen, wenn Sie Bittstellern nachgeben und sich für andere Leute hergeben?
„Nichts!" Werden Sie mir – schon leicht angesäuert - antworten.

Doch! Entgegne ich Ihnen und frage Sie, welche Freunde Sie ohne die ganzen Bittsteller hätten?

Natürlich hätten Sie welche. Aber eben nicht so viele. Und vor allen Dingen nicht so viele, die von Ihnen schrecklich abhängig sind und Ihnen dazu noch schöne Worte schenken.

Ja, Sie lesen richtig! Sie kontrollieren die herangezogenen Bittsteller wie ein Masochist seine Peiniger. Sie haben es unter Kontrolle, ob Sie zusagen oder sich vor der Hilfeleistung drücken.

In Ihren Kreisen existiert ja kein „Nein". Deshalb sagen Sie „Nein", indem Sie, zum Beispiel, plötzlich krank werden oder dringend einem anderen helfen müssen.

Ich will offen zu Ihnen sein: Ihr Lebensstil ist gang und gäbe unter Opfern.

Sagen Sie nicht „Ja", wenn Sie „Nein" denken!

21. Eine Frage der Schuld

Die katholische Erziehung hat über Jahrhunderte ihre Spuren hinterlassen. Sie hat viele Nachahmer gefunden, die, um Jesus nachfolgen und anderen Leuten helfen zu können, gerne ein Martyrium in Kauf nehmen. Und die tragen mit leidender Miene die Last der ganzen Welt auf ihren Schultern. Für diese Menschen steht das Wort „Sünde" und „Buße" noch im

Vordergrund ihres Denkens, egal wie weit sie sich von der Religion inzwischen entfernt haben.

„Schuld" ist ein großes Thema. Sie fühlen sich schuldig, wenn Sie es unterlassen, anderen zu helfen; schuldig, wenn Ihnen zu viel Gutes und anderen in Ihrem Umkreis weniger Gutes entgegenströmt; schuldig, wenn Sie einen Fehler gemacht haben. Aber - Fehler passieren nun einmal. Jedem Menschen - jeden Tag. Auch Ihnen.

Seien Sie doch einmal ehrlich. Niemand ist perfekt. Nicht einmal Sie! Und wer es versucht, scheitert an der Erkenntnis seiner eigenen Unzulänglichkeit.

Geben Sie es also auf, perfekt sein zu wollen. So gut als möglich – ja. Perfekt – nein, da: unmöglich.

„Aber ich bin doch schuld."
Die Frage nach der Schuld ist eine der naivsten Fragen, die Sie sich stellen können. Die Zeiten, als es noch gute Cowboys und böse Indianer, einen göttlichen Himmel und eine teuflische Hölle gab, sind vorbei.

Die Welt ist komplizierter geworden. Oder sieht es nur so aus? *Den* Schuldigen gibt es nicht. Selbst Gerichte tun sich schwer, einen eindeutig Schuldigen auszumachen. Häufig ist der Grund, dass etwas passiert, eine Verkettung von Umständen. Wenn man so will: viele Faktoren ergeben erst eine Tat.

Nehmen wir als Beispiel einen Mörder.
Das Töten ist sicherlich verwerflich und gesellschaftsschädlich. Andererseits werden Täter nicht als solche geboren. Sie entwickeln erst im Lauf vieler Jahre das Bedürfnis, einen Menschen umbringen zu wollen. Ein Gedanke, der auch anderen nicht fremd ist, den die meisten aber nicht ausführen, da sie Konsequenzen fürchten. Mörder tun es. Dabei sind die wenigsten Morde als solche geplant. Viele geschehen aus Angst: davor, entdeckt, angeklagt, verurteilt oder ins Gefängnis gesteckt zu werden. Oder aus Angst, dass der Partner sich trennen und einem anderen zuwenden könnte. Ebenso: Angst vor Versagen, Gesichtsverlust, und viele Ängste mehr. Angst spielt im Fall Mord immer eine Rolle. Egal, wie kaltblütig dieser auch ausgeführt wurde.
Der Mörder ist für seine Tat verantwortlich. Unbestritten. Und deshalb ist es auch gerecht, dass er Verantwortung für sein Handeln übernehmen und eine Strafe erdulden muss. Inwiefern er an seiner Tat allein schuldig ist, bleibt eine andere Frage.

Ähnlich geht es mit der Aussage: „Schuld sind meine Eltern". Oder: „Schuld ist die Gesellschaft". Beides kann man so nicht stehen lassen. Wie an dem Beispiel „Mörder" ist es am Ende der Mensch selbst, der eine Entscheidung trifft. Wer ist also Schuld? Keiner. Oder jeder? Oder gibt es die Frage der Schuld überhaupt?

Als Sie noch Kind waren, übernahmen Ihre Eltern die Verantwortung für Sie. Aber – waren sie deshalb auch schuld?

Schuld ist ein passiver Begriff, den man nur erleiden kann. Man sitzt da und klagt. Schuld entstammt dem Repertoire der Opfermentalität. Ein aktiver Mensch kennt nur den Begriff der Verantwortlichkeit und des Fehlers. Ein Fehler ist meist korrigierbar. In jedem Fall aber wird ein verantwortungsbewusster Mensch versuchen, Fehler zu vermeiden, die er bereits begangen hat. Die Begriffe „Sünde" und „Schuld" gehören in die Mottenkiste.

Sie sind nicht schuldig, sondern verantwortlich!

22. Opfer sein und Opfer bleiben?

„Ich habe es nicht besser verdient!" „Immer passiert das mir!"

Kennen Sie solche Gedanken? Dann haben Sie ein Problem. Sie fühlen sich als Opfer in diesem Lebenskampf.

Hinter jedem Misserfolg riechen Sie die Intrigen anderer, oder gar des Schicksals gegen sich selbst. Sie erwarten, dass Ihnen nichts gelingt; sind überzeugt, dass am Ende immer Sie der Dumme sind. Sie denken zu wissen, dass Sie scheitern.

Und wenn Sie doch einmal erfolgreich sind, dann glauben Sie nicht daran. Sie spielen Erfolge herunter und hoffen, dass bald wieder hinter irgendeiner Ecke der Ihnen bekannte Misserfolg auftauchen wird, um dieses komische und unsichere Gefühl des Erfolgreichseins zu zerstören. Sie sind ein Opfer der Opfermentalität.

Und wo wir schon einmal dabei sind: sie werden nicht als Opfer geboren, sondern machen sich dazu!
„Aber – wieso sollte ich so etwas das tun?"
Eine gute Frage. Vielleicht haben Sie Vorteile davon?
„Vorteile? Das kann doch gar nicht sein".
Doch, es kann!

Die beliebte Opfermentalität erzeugt unbestreitbare Vorteile. Sie ziehen andere Menschen in Ihren Bann. Nicht wenige fühlen sich von Ihrem Verhalten magisch angezogen und haben das Bedürfnis, Ihnen helfen zu müssen oder zumindest Ihnen gegenüber ihr Mitleid auszudrücken. Vor allem sind das natürlich Menschen, die auch wieder unter der Opfermentalität „leiden".

Solidarität tut eben gut. Und Sie baden darin wie in einem warmen Schaumbad. Sie sind mitleidssüchtig!

Mitleid ist eine Form menschlicher Zuwendung, die Sie sich so erkaufen. Sie schaffen es, andere Menschen dazu zu nötigen, Ihnen Mitleid zu schenken.

Wie ein Bettler sitzen Sie am Straßenrand. Mit Ihrem ausgebeulten Hut vor den gekreuzten Beinen und mit Ihrem jämmerlichsten Blick öffnen Sie die Herzen und Geldbörsen der Passanten ganz automatisch.

Sie sind gut! Nähe erzwingen. Keine schlechte Taktik! Und – vor allen Dingen - nicht mehr allein sein.

Genügt Ihnen das schon? Oder erwarten Sie mehr von sich?

Wollen Sie es nicht lieber aus eigener Kraft schaffen? Ihr Leben, Ihre Krisen, Ihre Konflikte – egal wie verfahren Sie auch sein mögen - allein bewältigen? Aktiv sein?

Natürlich dürfen Ihnen andere Menschen helfen, aber leben sollten Sie Ihr Leben dennoch allein.

Und wie? Wie können Sie das schaffen? Etwas, das Ihnen unmöglich erscheint; etwas, dem Sie – Ihrer Meinung nach – nicht gewachsen sind?

Erkennen Sie Ihre Erfolge an und sammeln diese in Ihrem „Album der großen Momente meines Lebens". Blättern Sie dieses Album wieder und immer wieder durch, bis Sie es auswendig können.
Loben Sie sich bei jeder sich bietenden Gelegenheit! Erkennen Sie, was Sie alles bewegen können, wenn Sie sich bewegen. So schaffen Sie es, sich selbst Wärme und Geborgenheit zu geben.

Verzichten Sie auf das Mitleid anderer! Sie sind kein Opfer der Umstände! Sie sind derjenige, zu dem Sie sich gemacht haben! Natürlich beeinflusst durch Umweltbedingungen, aber gewachsen sind Sie doch alleine.

Wachsen Sie jetzt weiter und weiter! Bleiben Sie nicht stehen! Nehmen Sie Ihr Leben in Ihre Hände und verzichten auf mitfühlende Berührungen und Beteuerungen anderer „Opfer"!

Es nützt Ihnen auf Dauer sowieso nichts. Jemand, der bemitleidet wird, wird nicht für voll genommen! Sie werden wie ein kleines Kind, das weint, mit einem Pflästerchen abgetan. Und dafür sollen Sie dem anderen für immer und ewig dankbar sein?

Wollen Sie erwachsen werden?
Dann steigen Sie aus Ihrem Schaumbad und gehen hinaus in die Welt. Erobern Sie sich Ihr Land zurück und versuchen, mit dem kalten Klima draußen zurecht zu kommen. Es gehört Ihnen! Und vor langer Zeit waren Sie auch stolz darauf gewesen. Fangen Sie an, Ihr Land wieder zu besiedeln; auch wenn das Klima etwas zu kühl ist. Sie werden sehen, dass Sie ruckzuck abgehärtet sind und Ihr Stolz auf das Erreichte Ihnen hilft, der Kälte und dem Wind zu trotzen.

Es ist Ihr Leben! Seien Sie stolz darauf und genügen Sie sich selbst!

23. Ein Täter kommt selten allein

Wenn Sie in diesen Schemata denken, stellt sich die nächste Frage: sind Sie lieber Opfer oder Täter? Oder beides zugleich?

„Wie meinen?"
Sie wollen behaupten, dass Sie ausschließlich und immer nur Opfer sind und waren? Herzlichen Glückwunsch! Ihr Unterbewusstsein besitzt ausgezeichnete Verdrängungsmechanismen. Zerreißen Sie dieses Buch und weiter so!

Wenn Sie jetzt weiterlesen, sollten Sie sich fragen, in welchen Situationen Sie Täter sind. Eine unangenehme Frage und gerade deshalb so wichtig. Sie können keiner Fliege etwas zuleide tun? Oder doch? Sie haben schon einmal etwas „Böses" getan? Sie fühlen sich manchmal schmutzig? Sie haben sogar schon Rachegedanken gehabt? Leiden unter Schuldgefühlen?

Wieso das denn? Ich denke, Sie sind nur Opfer?
Ein Täter braucht keine Begründung, weshalb er etwas tut oder nicht. Er macht Dinge, die „man" normalerweise nicht machen darf. Dann spaltet er sein Gefühle ab. Denn sonst würde ihm ja bewusst, dass er andere durch sein Verhalten verletzt und damit sich selbst schadet.

Ein Opfer sucht nach Begründungen und bezieht alles auf sich. Es versucht zu ergründen, was es falsch gemacht hat.

In unserer Gesellschaft wird klar unterschieden: „Opfer" schaffen es, fast alles Mitgefühl an sich zu binden; „Täter" ausschließlich Hass und Wut der Öffentlichkeit.

Fakt ist, dass jemand, der sich als „Opfer" sieht, einen Täter anzieht. Durch die Art, wie ein Täter das Opfer behandelt, lehrt er dem Opfer, wie es ist, ein Täter zu sein. Das Opfer lernt, wie viel Macht ein Täter über andere Menschen hat. Und diese Macht ist sexy. Zumal, wenn es um zwischenmenschliche Beziehungen geht.

Wenn zwei Menschen miteinander in Kontakt treten, dann nähern sich beide an. Sind Sie das Opfer, dann ist Ihr Partner der Täter und demonstriert Ihnen gegenüber typisches Täterverhalten. Sie werden daraus lernen und das Täterverhalten teilweise kopieren. Und das müssen Sie auch, um weiter mit diesem, Ihren Partner zusammen sein zu können. Denn: es gibt in einer Beziehung nicht nur den Guten und den Bösen. Beide spielen beide Rollen, um etwas beim anderen zu erreichen.

Das Ergebnis wird folgendes sein: sie werden entweder mit dem Täter weiter zusammenleben; ihn verlassen und sich einen neuen

Täter suchen; oder: ihn verlassen und sich ein Opfer suchen, um selbst Täter zu sein.

Ich weiß, das viele Hin und Her mit Opfer und Täter ist etwas verwirrend. Deshalb will ich es noch einmal in einfachen Worten auszudrücken:
Opfer sind gegenüber Tätern auch Täter. Täter sind gegenüber Opfern auch Opfer.
Ex-Opfer suchen sich andere Opfer, um denen gegenüber Täter sein zu können. Sie wollen sich dafür rächen, was man ihnen „angetan" hat.

Hier geht es zu wie bei der Hackordnung einer Hühnerschar. Das jeweils stärkere Huhn hackt, wenn es frustriert ist, dem ihm nachfolgenden, schwächeren Huhn auf den Kopf.

Da sind die Menschen nicht anders. Auch Sie suchen sich ein noch schwächeres Huhn, um diesem auf den Kopf zu hacken.

Oder warten, bis das stärkste Huhn – Ihr „Peiniger" – Schwäche zeigt, um ihm klammheimlich auf den Rücken zu hacken, wenn er sich gerade umdreht und nicht wissen kann, wer es war.

Als Opfer dürfen Sie den Täter hassen. Wenn Sie sich nicht trauen, Ihren Hass offen auszuleben, so doch in dem, wie sie über ihn reden, in Sticheleien und rachsüchtigen, heimtückischen Aktionen.

Beispielsweise werfen Sie Dinge, an denen Ihr Täter hängt, einfach weg oder zerstören diese. Oder Sie „vergessen" wichtige Termine.

Besonders beliebt in gewissen Kreisen ist das Flirten mit anderen, nur, um den Partner zur Weißglut zu bringen.

Und beide gewinnen: Opfer und Täter.

Gestehen Sie sich zu, dass Sie auch Täter sind!

24. Das ganze Leben ist ein Spiel

Jeder von uns spielt Rollen in seinem Leben - sei es, beispielsweise, als Arbeitskollege, Partner, Elternteil, Kind oder Freund.

Ein Kind beherrscht erst wenige Rollen. Es hat noch nicht viel von der Welt gesehen und orientiert sich deshalb an das, was man ihm „vorsetzt".

Als Erwachsener muss man vielen Ansprüchen gerecht werden. Deshalb beherrscht ein Erwachsener auch mindestens ein halbes Dutzend Rollen.

Wenn Sie erfolgreich sein wollen, dann spielen Sie vor allen Dingen die Rollen, die Sie richtig gut können, aber lernen Sie auch dazu! Lernen Sie, mehr spielen zu können, als Sie bisher getan haben. Und greifen Sie vor: spielen Sie bereits die Rolle des Erfolgreichen, bevor der Erfolg zu Ihnen kommt.

Sie werden merken, dass die Menschen darauf reagieren. Sie ziehen diejenigen an, die ebenfalls erfolgsorientiert sind und lernen neue Leute kennen.

Bereiten Sie sich auf Ihre Rollen vor! Warten Sie nicht einfach nur ab, wann in diesem Theater für Sie eine Statistenrolle abfällt. Kümmern Sie sich aktiv um die Verwirklichung Ihres Traums. Seien Sie der Schauspieler, der auf eine Theateraufführung hinarbeitet. Einer, der den Text auswendig beherrscht. Einer, der sich darauf vorbereitet hat, jederzeit einspringen zu können, wenn ein Hauptdarsteller ausfällt.

Proben Sie! Wieder und immer wieder! Selbst wenn der Text sitzt, arbeiten Sie weiter an Ihrem Ausdruck! Stellen Sie sich vor, Sie bekämen irgendwann die Hauptrolle und warten Sie, bis es so weit ist. Sie können es! Sie haben Fähigkeiten! Sie sind bewunderungswürdig! Sie ziehen Erfolg an! Glauben Sie daran! Und irgendwann wird der Augenblick kommen, an dem Sie ihre Chance erhalten. Nutzen Sie die!

Das gleiche gilt übrigens auch für Konflikte. Auch diese sind eine Bühne. Wagen Sie sich auf sie! Spielen Sie die Konfrontation zwischen sich und Ihrem Konflikt-Partner durch und suchen überzeugende Argumente für Ihre Partei. Dann suchen Sie ebenso überzeugende Argumente gegen Ihre eigenen, so dass Sie bereits wissen, was Ihnen Ihr Konfliktpartner wahrscheinlich entgegnen wird. Schließlich finden Sie auch darauf Antworten und Sie werden gründlich für einen „Auftritt" vorbereitet sein.

Diese Art der Vorbereitung ist zwar anstrengend, hinterlässt aber in Ihnen ein befriedigendes Gefühl, weil Sie schon trocken geübt haben. Die Angst vor dem „Showdown" wird kleiner.

Seien Sie nicht die Spinne im Netz, die wartet und wartet, bis etwas passiert. Das ist zu wenig. Sie können gewinnen! Beweisen Sie es sich!

Brillieren Sie in Ihren Rollen, dann erreichen Sie Ihre Ziele!

Gute Vorbereitung ist der halbe Sieg!

25. Warum ich?

„**W**arum passiert das immer mir?" „Und warum schon wieder?" Sie haben eine Niederlage erlitten. Gut!

„Gut?"

Ja, gut! Sie verstehen nicht? Ich will versuchen, Ihnen einige Gedanken näher zu bringen. Warum sind Sie gescheitert?
„Kein Ahnung!"
Tut mir leid, aber „keine Ahnung" zählt nicht. Es gibt Gründe. Immer. Erforschen Sie diese!

Anhand einer gründlichen Fehleranalyse vermeiden Sie zukünftige Fehlschläge. Wenn Sie wissen, weshalb Sie gescheitert sind, machen Sie diesen Fehler so bald nicht wieder. Wissen Sie es nicht, weil Sie Ihre Schwächen nicht erkennen, tappen Sie beim nächsten Mal wieder in die gleiche Fallgrube.

Deshalb mein Rat: seien Sie sensibel. Wer wahrnimmt, ab welchem Punkt etwas falsch läuft, der wird frühzeitig damit aufhören – und zwar schon dann, wenn er „nur" ein „blödes Gefühl" hat. Er wird einen anderen Weg gehen. Unsensible Menschen dagegen laufen wieder und wieder in die nächsten Fallgrube.

Wenn Sie völlig im Dunkeln tappen, was Sie verändern sollten, dann ist das auch nicht weiter schlimm. Verändern Sie einfach irgendetwas. Fangen Sie bei Ihrem Verhalten an. Das ist am Zugänglichsten. Eine Veränderung wird sich auf das ganzes System auswirken und etwas bei Ihnen bewirken. Beobachten Sie die Veränderungen und gehen Sie nach der mutigen Methode vor: „ausprobieren-richtig - ausprobieren-falsch".

Funktioniert etwas, behalten Sie es. Wenn nicht, lassen Sie es sein. Trauen Sie sich, falsch zu liegen (Sie lagen ja bis vor kurzem auch falsch).

Fragen Sie nicht, warum immer ich, sondern ändern Sie etwas daran!

26. Die Welt ist schlecht

„**O**h weh, oh weh! Wie furchtbar ist es, wie schlimm. Alles, die ganze Welt, geht zugrunde. Überall, wohin man sieht: Krieg, Terror, Katastrophen, Arbeitslosigkeit und Elend.

Alles wird teurer und es wird immer schlimmer. Oh weh, oh weh! Die Welt ist schlecht und wird bald untergehen!"

Was für eine Poesie! Dieses Lamento ist zeitlos und wurde schon von unendlich vielen gesungen. Und auch jetzt sieht es wieder so aus, als ob die Wirtschaftslage den Sängern dieses Klageliedes in die Hände spielt. Es ist ein echter Evergreen und wird immer erfolgreicher, je schlechter die äußeren Bedingungen für die Maße erscheinen.

Doch – was hat das mit Ihnen zu tun? Geht Ihre Welt auch zugrunde, nur weil sich die Wirtschaftslage verschlechtert?

In den meisten Fällen passiert gar nichts. Außer, dass Ängste auftauchen. Angst davor, den Arbeitsplatz zu verlieren, Angst vor Krieg, Angst vor Verlust von Luxus. Und zum Teil ist es sicherlich berechtigt, dass diese Ängste auftauchen.

Aber – haben Sie denn kein Vertrauen in sich und Ihre Fähigkeiten? Meinen Sie, dass Sie allem nur ausgeliefert sind? Dass Sie nichts beeinflussen können? Dass Sie mit Ihrem Wissen und Können keine Chance erhalten, Ihr Leben – trotz Krise - weiter bestreiten zu können? Was glauben Sie, wie es Menschen in oder nach existenziellen Krisen geht? Das sind echte

Hämmer, die die erlebt haben, aber interessanterweise hat sich dabei Folgendes herausgestellt:

Menschen, die schnell und flexibel reagierten, konnten auch unter schlechteren Bedingungen gut weiterleben. Diejenigen, welche ihren Lebensstil nicht verändern wollten und im Vorfeld deutliche Hinweise auf Verschlechterungen „übersahen", litten am meisten oder gingen oft daran zugrunde.

So schlecht ist die Welt übrigens gar nicht. Schauen wir einmal zurück auf über 60 Jahre Frieden in Deutschland, einer friedlichen deutschen Wiedervereinigung, einem trotz allem starken Europa, einer stabilen Demokratie in unserem Land und unvergessliche Augenblicke in der Fußballgeschichte.

Die Deutschen, bekannt als ein Volk notorischer Jammerer, sind im Ausland beliebt durch ihr diplomatisches Geschick; gelten als zuverlässig und tiefgründig.

Trotzdem leiden sie unter einer Volksseuche: dem „Deutschen Minderwertigkeitskomplex". Aber dieses Kapitel wäre zu umfassend, um es in einem solchen Buch thematisieren zu können.

Was ich damit sagen wollte, ist Folgendes: Es stimmt einfach nicht, dass die Welt schlecht ist! Das ist eine Verallgemeinerung, die falsch ist!

Ich hoffe, dass Sie sich nicht mit der Weißblindheit infiziert haben. Wenn nein, schauen Sie sich um! Finden Sie heraus, dass die Welt gar nicht so schwarz ist, wie Sie bisher gedacht haben. Die Welt ist gut und schlecht. Je nachdem, was Sie von Ihr halten. Sie erinnern sich? Alles subjektiv!

Gäbe es keine Nachrichten, wüssten Sie gar nicht, welches Elend in anderen Ländern geschieht. Deshalb die Frage: *müssen* Sie das alles bis ins Detail wissen? Und wenn ja, weshalb beschäftigen Sie sich damit? Was ist Ihre Motivation? Ich meine, dass das Elend nur für diejenigen interessant sein sollte, der wirklich helfen kann. Können Sie wirklich helfen? Wenn ja, helfen Sie und verändern daraufhin das Gefühl des Leides in Genugtuung und Stolz.

Für diejenigen, welche dazu neigen, sich allzu rasch und bodenlos mit dem Leid anderer identifizieren, sprich: den „Opfern", wäre eine Nachrichten- und Käsblättchenabstinenz sehr heilsam. Andere, die gelernt haben, dass Nachrichten auch Manipulationen beinhalten und die sich distanzieren können, sollten ruhig weiter bedenkenlos ihre Sendungen konsumieren.

Um auf dem Laufenden zu bleiben, reicht es, ein bis zweimal die Woche Nachrichten zu hören oder zu lesen, da sich wirklich wichtige (und leider viel öfter unwichtige) Themen sowieso über mehrere Wochen in den Medien breit machen.

Die Welt ist nicht schlecht, aber auch nicht gut. Das, was Sie daraus machen, wird sie für Sie sein. Im Guten – wie im Schlechten. Die Welt ist nur die Welt. Nichts weniger, aber auch nichts mehr.

Natürlich steckt der Weltenlauf voller Überraschungen; manchmal auch unangenehme. Andererseits sind viele „Katastrophen" vorhersagbar.

Dass Ihre Großeltern und Eltern einmal mit ziemlicher Sicherheit vor Ihnen sterben, ist wahrscheinlich. Ebenso, dass Sie nicht für immer an dem jetzigen Arbeitsplatz mit den gleichen Arbeitskollegen bleiben werden. Auch werden Ihre Kinder groß und gehen aus dem Haus, um ihrerseits die Welt zu erkunden und auch Ihre Partnerschaft wird sich wesentlich verändern. Alles keine Neuigkeiten, so dass man – wenn man denn wollte – sich schon vorher darauf einstellen könnte.

Die Welt ist das, was Sie von ihr halten und aus ihr machen!

27. Wo geht es hin?

Ich behaupte jetzt etwas, das Ihnen nicht gefallen wird: Sie werden von anderen gelenkt.

Wie fühlt sich das an? Macht es Sie ein bisschen ärgerlich?
Gut, dann weiter: Sie werden von anderen manipuliert. Diejenigen, die am stärksten an Ihnen ziehen und zerren, gewinnen. Dann werden Sie hin- und hergezogen und auf einen Weg gedrängt, den Sie eigentlich gar nicht gehen wollten.

So, jetzt tut es schon weh, oder?
Leider habe ich Recht. Es ist ein Spiel.
Sie sind ein herrenloses Hündchen mit herunterhängender Leine. Sie suchen und suchen. Suchen mit traurigem Blick nach einem neuen Herrchen.

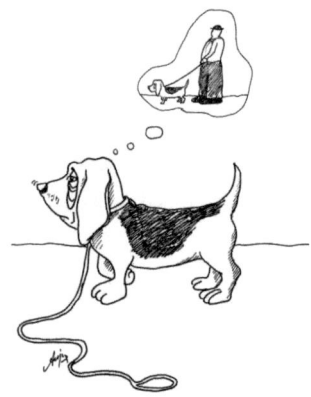

Endlich kommt ein starker Mann und zerrt an Ihnen herum. Es gefällt Ihnen nicht, aber *ein* Herrchen ist schließlich besser als *kein* Herrchen.

Er geht mit Ihnen ein Stück, aber irgendwann wird er des Spiels müde und verlässt Sie. Es wird ihm lästig, sich um Sie kümmern zu müssen. Er lässt die Leine einfach wieder los.

Sie sind traurig, verziehen sich in eine Ecke und lecken Ihre Wunden. Dann versuchen Sie es aufs Neue. Wieder ziehen Sie, sich schwanzwedelnd anbietend, über die Promenaden und hoffen auf ein neues Herrchen. Und es wird sich wieder eins finden und wieder und wieder. Aber letztlich kann und will sich niemand ein Leben lang um einen streunenden Hund kümmern.

Warum sollte es nicht möglich sein, ein Strolch zu sein?

Kein Herrchen zu haben, sondern selbstbestimmt und ohne herunterbaumelnde Leine das Leben zu bestreiten? Frei zu sein, um das zu tun, wozu Sie Lust haben? Gut, Sie tragen durch mehr Freiheit auch mehr Verantwortung, aber das ist immer noch besser, als ein Hündchen auf der Suche nach einem Herrchen zu sein, oder?

Um ein anderes Bild zu gebrauchen:

Sie haben es gerne, wenn andere das Steuer für Sie in die Hand nehmen. Ihr Leben ist ein Schiff und Sie sind der Kapitän. Das Steuerrad allerdings ist unbesetzt. Jeder, der will, darf es bedienen; auch, wenn er oft genug keine Ahnung davon hat. Es entlastet Sie ungemein, nicht dafür verantwortlich sein zu müssen. Und der Preis?

Ihr Schiff treibt ruhelos auf den sieben Weltmeeren dahin und kommt nirgendwo an. Sie lassen es geschehen, genießen die „freie" Fahrt und die tollen Schiffsbewegungen. „Es ist doch interessant, wo mich das Leben hinführt".

Und was machen Sie, wenn keiner das Steuer übernehmen will? Dann suchen Sie sich natürlich wieder einen neuen Steuermann. Und wenn niemand Lust darauf hat? Sie merken, es ist gar nicht so einfach, mit dem Schiff Ihres Lebens unterwegs zu sein.

Deshalb möchte ich Ihnen eine Frage stellen. Wollen Sie nicht wieder der Steuermann Ihres Schiffes werden?

Vielleicht mögen Sie etwas aus der Übung sein, aber ich bin sicher, dass Sie es können! Sie haben bereits als Kind Pionierleistungen hinter sich gebracht. Denken Sie daran, wie Sie Laufen und Sprechen gelernt haben. Ein neuer Job wartet auf Sie! Und was für einer! Kämpfen Sie für mehr Freiraum und weniger Manipulation durch andere.

Oder beeinflussen auch Sie andere Menschen? Nicht? Das können Sie nicht? Überlegen Sie einmal genau: In welchen Situationen manipulieren Sie Menschen in Ihrer Umgebung?
„Nein, das kann ja gar nicht sein".
Vielleicht Ihre Kinder? Zum Guten, versteht sich. Vielleicht Ihren Partner?
„Aber nur ein bisschen".
Vielleicht Ihre Freunde?
„Ich glaube nicht".
Aber ich!

Sehen Sie genau hin und Sie erkennen, dass Sie bereits groß im Manipulationsgeschäft tätig sind – und das ist nicht negativ gemeint.

Erkennen Sie, was Sie mit wem tun und Sie fangen an zu begreifen, wer Ihr „Steuer" in der Hand hat.

Werden Sie Ihr eigener Steuermann!

28. Gedacht - gemacht

Sie gehen Ihrem täglichen Trott auf der Arbeit nach. Dann kommen Sie nach Hause und erledigen dort Ihre Siebensachen. Die übriggebliebene Zeit verschlendern Sie an Multimedia-Geräten und ab und zu stecken Sie Ihre Restenergie in ziellose, aus dem Moment geborene Freizeit-Projekte, von denen Sie sich

Abwechslung und Anerkennung erhoffen. Und so geht das bereits jahrelang.

Sie sind an Ihre Arbeitsstelle gebunden; sehen keine Chance auf berufliche Veränderung und Sie haben gerade einen Leasingvertrag für Ihr neues Auto laufen. Ihre Kinder nehmen Ballett- und Reitstunden, Ihr Partner lässt sich regelmäßig massieren, Sie sind trendy und konsumieren gerne und außerdem haben Sie vor ein paar Jahren ein Häuschen gebaut. Ihr Arbeitsplatz ist für Sie nur ein Job, aber Sie können ihn auf keinen Fall aufgeben. Das Rädchen, in dem Sie Hamster sind, muss sich weiter und weiter drehen.

Wollen Sie so weiter leben? Wirklich?

Erlauben Sie sich jetzt kurz inne zu halten:
Wie lange wollen Sie dieses Leben noch ertragen?
Wie viel an Veränderung ist Ihnen möglich, ohne dass Ihre Welt zusammenbricht?
Was trauen Sie sich zu?
Ist Ihr Partner fähig, Sie trotz Veränderungen weiter lieben zu können?
Welche Art von Arbeit würde Ihnen wirklich Spaß machen?
Mit wem oder was würden Sie gern mehr Zeit verbringen?
Was ist Ihnen im Leben das Wichtigste?

Sie hoffen auf Veränderungen. Und vielleicht kann dieses Buch Ihnen tatsächlich helfen, dass Sie über sich und Ihr Leben nachdenken. Das war es dann aber auch schon. Hoffnung allein wird nichts verändern. Und wenn sie einfach nur dieses Buch lesen und trotzdem weiter das tun, was sie bisher getan haben, wird sich auch nichts ändern.

Sie hoffen auf einen Kick? Den werden Sie bekommen.
Aber der wird nicht reichen, um Grundlegendes zu verändern.
Umsetzen müssen Sie!
„Aber wie?"

Ob Sie etwas oder nichts tun, entscheidet darüber, wie schnell Sie Ihr Leben ändern können. Es bleibt Ihnen überlassen. Eine Veränderung ist kein weißes Kaninchen, das aus dem Nichts im Zylinder des Zauberers erscheint. Harte, kontinuierliche Arbeit an Ihrem Projekt ist gefragt.

Mit Hindenken oder Visualisieren allein ist es leider nicht getan. Aus vielen Selbsthilfebüchern prangt das Motto: Du kannst alles erreichen! Stell' es Dir nur im Geiste vor und es wird irgendwann genau so eintreten. Das wäre schön. Funktioniert so aber nicht. Vorstellung ist nur ein Teil dessen, was Sie tun können.

Effektiver ist das Ausprobieren. Sie stellen sich etwas vor, arbeiten darauf hin und probieren dabei unterschiedliche Wege aus. „Learning by doing", heißt die Devise. Wann immer Sie neue Erkenntnisse gewinnen, probieren Sie diese gleich aus. Haben Sie keine Angst vor Fehlern! Gestehen Sie sich zu, am Anfang Fehler machen zu dürfen. Gestehen Sie sich zu, mindestens zwei Mal die gleichen Fehler machen zu dürfen, bevor Sie anfangen, sich unter Druck zu setzen, dass alles „richtig" sein muss.

Erlauben Sie sich, extrem sein zu dürfen. Gleich einem Kind, das alles erst einmal ausprobieren möchte und deshalb gerne über die Stränge schlägt.

Es ist nicht weiter schlimm, dass Grenzen kurzfristig übertreten werden. Das sollten Sie beim Ausprobieren von Neuem einkalkulieren. Wenn Sie Neues ausprobieren, müssen Sie sogar über die Stränge schlagen. Nur so lernen Sie auch die Grenzen kennen. Durch Nachdenken geht das nicht.

Meiden Sie später – nach Einübung der Grundfähigkeiten – die Extreme. Außer, Sie wollen provozieren um etwas zu erreichen, das anders nicht machbar ist. Dann sei es in Maßen eingesetzt als legitimes Mittel.

Zielloses Drauflosstürmen führt übrigens ebenfalls nicht zu den gewünschten Ergebnissen; höchstens zu Misserfolgen, die dazu beitragen, dass Sie es beim nächsten Mal bestimmt nicht wieder versuchen.

Aber wenn Sie nicht mit dem Kopf durch die Wand gehen können, warum versuchen Sie nicht, aus dem Zimmer zu gehen, um dann durch das Fenster des Nebenzimmers ins Zimmer hinter der Mauer gelangen zu können?

Ein Trick, ja. Die Kombination macht's. Mehr Köpfchen und weniger Brummschädel.

Das Erfolgsrezept: hindenken und hinarbeiten!

29. Hamster im Laufrad

Menschen wollen Sicherheit. Sie „mit Sicherheit" auch! Und was bietet Ihnen die größte Sicherheit? Ein kontrolliertes, gemächliches, ruhiges Leben, das seinen Gang geht.

Deshalb fangen besonders sicherheitsbedürftige Menschen frühzeitig an, sich mit wenig zufrieden zu geben und versuchen, das Wenige so lange wie möglich zu konservieren.

Ist es einmal so weit, hat die „Hexe Angst" die Herrschaft über Ihr Leben übernommen. Es entsteht panische Angst, das zu verlieren, was man sich einmal „aufgebaut" haben.

Und da Sie nichts Neues mehr probieren, tritt Stillstand in Ihrem Leben ein. Aber nicht nur Stillstand. Nein, es wächst auch nichts, entwickelt sich nichts mehr. Es folgt – wirtschaftlich gesehen – ein Abschwung. Und auf Wachstumsstopp folgt die Rezession – so sicher wie das Amen in der Kirche. Denn „Nullwachstum" verschleiert nicht nur in der Politik Minuszahlen.

Ihr persönlicher Abschwung sieht folgendermaßen aus: das bisher Erreichte kann so nicht gehalten werden, denn die Bedingungen des Lebens, die auf Wandel eingestellt sind, lassen Festhalten nicht zu. Demzufolge kommt es zu Rückschlägen.

Die werden anfangs auch gut verkraftet; im Lauf der Jahre allerdings, nehmen Ihnen diese – wie heimliche Diebe – das hart Erarbeitete wieder weg. Zuletzt stehen Sie mit so wenig da, dass Sie sich fragen, was Sie eigentlich falsch gemacht haben.

Ganz unten angelangt, müssen Sie sich dann mit allen Kräften – und die sind ganz schön eingerostet – frei strampeln, was Ihnen allerdings, mangels Übung, schwer fallen dürfte.

So weit muss es aber nicht kommen!

Wenn Ängste „Hexen" sind, dann können Sie etwas dagegen unternehmen. Setzen Sie „Magier" ein. Diese können die „Hexen" in Schach halten. Der mächtigste „Magier" heißt: Mut! Wenn Sie die „Hexen" gewähren lassen, werden diese ihre Macht ausbauen und Ihre „Magier" werden verlieren.

Haben Sie den Mut, Ihren Ängsten zu trotzen. Stellen Sie sich! Trainieren Sie den Umgang mit angstbesetzten Situationen! Lassen Sie es nicht zu, dass Ängste Ihnen Freiheit wegnehmen! Sie bestimmen über Ihr Leben! Nicht die Angst!

Sie registrieren Angst und lassen Sie auch zu. Versuchen Sie nicht, Ängste zu verdrängen. Das gelingt nur mangelhaft und macht sich durch „Symptome" bemerkbar. Leben Sie die Angst aus. Das größte Problem ist nämlich oft nicht die Angst (das reale Gefühl), sondern die übersteigerte Angst davor, dass eine unbestimmte Angst kommen könnte.

Sollte diese Ihnen zu stark werden, lehnen Sie sich gegen die Forderungen der Angst nach gehorsamen Rückzug auf! Trainieren Sie ihren Mut, indem Sie Ängsten entgegentreten! Je häufiger, desto besser. Deshalb die Formel:

Je größer die „Hexe" Angst, desto kleiner der „Magier" Mut.
Je größer der „Magier" Mut, desto kleiner die „Hexe" Angst.

„Aber"- so werden Sie vielleicht einwenden – „wenn die Ängste so stark sind, kann ich doch gar nichts machen, oder?"

Sie haben vollkommen Recht. Wenn die Ängste überstark sind, ist es extrem schwierig, dagegen anzugehen. Und deshalb sollten Sie es vorher tun! Jetzt!

Bevor Sie ihren Ängsten vollständig ausgeliefert sind und Ihnen keine andere Wahl mehr bleibt als um Leben und Tod zu kämpfen. Also noch einmal:

Treten Sie Ihren Ängsten mit Mut entgegen!

30. Lebensaufgaben bewältigen

Haben Sie sich schon einmal gefragt, weshalb Sie auf die Welt gekommen sind? Nein? Vielleicht haben Sie eine Aufgabe zu erfüllen?

Vielleicht geht es aber auch nur darum, das Leben zu genießen. Oder - etwas zu erschaffen, zu erhalten und weiterzuentwickeln.

Ich will einmal an die aktive Variante glauben und erkenne neun Lebensbereiche, in denen ein Mensch im Laufe seines Lebens gefordert wird:

1) Beruf
2) Partnerschaft
3) Kernfamilie
4) Freizeit
5) Ursprungsfamilie
6) Nebenfamilien
7) Freunde
8) Ich-Findung
9) Träume

In jedem Bereich sollten Sie eine bedeutende und verantwortungsbewusste Rolle einnehmen. Und das sollten Sie mit Freude tun.

Vernachlässigen Sie einen Bereich nicht allzu lange. Dadurch entsteht ein Ungleichgewicht, welches sich ungünstig auf die anderen Bereiche auswirkt.

Sehen Sie zu, dass Sie in Ihrem *Beruf* (immerhin 8 Stunden Lebenszeit!) ein angesehener Arbeitskollege werden und erledigen Sie Ihre Arbeit mit Herz und Verstand so gut als möglich. Haben Sie Spaß am Arbeiten. Arbeit ist kein Muss, sondern sie gibt Ihnen viel: Bestätigung und Erfolge und im besten Fall – und hier sind auch Sie mitverantwortlich – nette Arbeitskollegen.

In der *Partnerschaft* achten Sie darauf, dass es Ihnen und Ihrem Partner gut geht. Achten Sie auf Verständnis, vernachlässigen Sie es nicht, täglich miteinander zu sprechen und Nähe und Geborgenheit zu geben und anzunehmen.

Zu Ihrer neuen, oder wie ich sie nennen will: *Kernfamilie*, gibt es Folgendes anzumerken: teilen Sie Ihre Liebe in gleiche Teile auf und verteilen Sie die einzelnen Teile unter Ihren Kindern. Bestärken Sie jedes Ihrer Kinder in dem, was es tut; selbst dann, wenn das „Werk" des Kindes in Ihren Augen nicht besonders groß, oder „das Falsche" ist. Nehmen Sie sich Zeit, für Ihre Familie da zu sein. Seien Sie nicht nur anwesend, sondern beteiligen Sie sich an gemeinsamen Aktivitäten. Das verbindet und schafft Zusammenhalt.

Verbringen Sie Ihre *Freizeit* mit sinnvollen Aktivitäten. Sinnvoll heißt: eigennützig und gemeinnützig. Tun Sie sich in Ihrer Freizeit gut. Achten Sie darauf, „Psychohygiene" zu betreiben, spannen Sie aus. Allerdings kann sich zu langer Müßiggang auch negativ auswirken. Arbeiten Sie deshalb außerdem an verschiedenen Projekten, um sich Bestätigung zu holen. Leisten Sie Ihren Beitrag zu der Gemeinschaft, in der Sie leben und setzen Sie sich für Alte, Kranke, Benachteiligte und Kinder ein. Und in jedem Fall sollten Sie Ihre Freizeit mit Erfolgen pflastern. Diese geben Ihnen Kraft und Mut!

Die *Ursprungsfamilie* wird Sie immer begleiten. Ein Leben lang. Hier liegen Ihre Wurzeln und die sollten Sie kennen. Unter Ursprungsfamilie verstehe ich Ihre Eltern und Geschwister oder andere, ähnliche Konstellationen. „Man weiß erst, wohin man will, wenn man weiß, woher man kommt", sagt der Volksmund und Recht hat er damit. Versuchen Sie, die Beziehungen zu Ihren Eltern, Geschwistern, Großeltern und Verwandten auf eine neue Basis zu bringen. Beziehungen, die sich nicht mehr durch eine Erwachsenen (oder bei Geschwistern Kind-) – Kind - Ebene auszeichnen, sondern die gleichberechtigt sind und ein Nehmen und Geben nach sich ziehen. Arbeiten Sie daran, mit Ihrer Ursprungsfamilie zufrieden sein zu können. Das kostet Sie sicher ein paar Jährchen Zeit und Nerven und geht auch nicht ohne Konflikte ab. Dafür lohnt es sich aber. Sie werden eine neue Rolle in der Ursprungsfamilie einnehmen und man wird Sie partnerschaftlich behandeln.

Mit *Nebenfamilien* sind Familien gemeint, die in Ihr Leben treten und Wichtigkeit für Sie erlangen. Nebenfamilien entstehen, wenn Sie eine Beziehung zu einem Partner eingehen, durch Heirat, durch Beziehungen und Partnerschaften Ihrer Kinder, durch Enkelkinder, durch Geschwister, Verwandtschaften oder gute Bekanntschaften. Legen Sie hier einen ähnlichen Maßstab an, wie bei Ihrer Ursprungsfamilie. Allerdings sind diese Beziehungen häufig distanzierter, aber nicht weniger wichtig.

Auch *Freundschaften* wollen gepflegt werden. In Zeiten, in denen Sie Ihre Kernfamilie aufbauen, konzentrieren Sie sich natürlich hauptsächlich auf sich und Ihre Familie. Ab und zu sollten Sie sich trotzdem mit Ihren Freunden treffen. Und später sowieso. Nutzen Sie das Potential, das alte Freundschaften in sich haben. Sie haben jemanden, der Ihnen die Wahrheit direkt ins Gesicht sagt und Sie können es trotzdem annehmen. Das ist selten und kostbar. Auch neue Freundschaften sind wichtig, da Leben Wandel bedeutet. So, wie Sie sich verändern, verändert sich auch die Gesellschaft, die Sie umgibt und damit auch Ihre Freunde. Nehmen Sie Veränderungen an.

Die *Ich-Findung* bedeutet, dass Sie Ihren Platz in der Welt finden, dass Sie Ihren Glauben, Ihre Moral, Ihre Ethik, Ihre Werte finden und danach leben.

Träume sind wichtig! Ohne Träume kann es keinen Fortschritt geben. Zu träumen heißt auch, einer Lebensaufgabe nachzugehen. In Träumen steckt das Potential zu Veränderungen. Nutzen Sie es!

Bewältigen Sie Ihre 9 Lebensaufgaben! Achten Sie auf Balance!

31. Es dauert seine Zeit

Wenn es nicht auf Anhieb mit den großen Veränderungen klappt – was soll's.

Wie lange leben Sie schon? Und wie lange haben Sie sich mühsam vorangeschleppt und auf das große Glück gehofft; dass alles so wird, wie Sie sich das erträumen? Und jetzt stehen Sie vielleicht kurz davor und wollen auf einmal ungeduldig sein?

Wenn Sie genau wissen, *dass* Sie etwas verändern wollen und *was*, dann wird es auch so kommen.

Vertrauen Sie darauf! Vorausgesetzt, Sie beachten die entscheidende Regel.

Welche? Schon vergessen?

Also noch einmal: Was Sie denken *und* was Sie tun, sind Sie und werden Sie!

Das neue, nach vorne gerichtete Denken arbeitet in Ihnen und Sie arbeiten gleichzeitig an praktischen Veränderungen. Hier treffen sich Aktiva und Passiva zu Ihren Gunsten. Sie lassen Ihr Gehirn für sich arbeiten (passiv) und probieren Verhaltensänderungen aus (aktiv).

So legen Sie den Grundstein für große Veränderungen.

Große Veränderungen sind Prozesse, die nicht plötzlich passieren. Sie finden im Stillen statt und werden erst später von Ihnen registriert. Rom ist auch nicht an einem Tag erbaut worden. Sie müssen reif für Veränderungen sein. Sie müssen bereit sein, sich von den guten, alten Verhaltensweisen zu verabschieden und sich auf neue, für Sie noch ungewohnte, einzulassen.

Selbstverständlich können Sie schnelle Veränderungen anstoßen, indem Sie sich in schwierig zu bewältigende Situationen begeben und diese meistern.

Sie springen ins kalte Wasser und probieren, ob Sie schon schwimmen können. Das kann allerdings gefährlich sein und führt häufig dazu, dass Sie, nachdem Sie gescheitert sind, alles wieder hinschmeißen.

Gehen Sie lieber langsam und Schritt für Schritt vor. Dann kommen Sie kontinuierlich voran.

Dabei kann es durchaus einmal vorkommen, dass Sie wieder ein paar Schritte zurück gehen müssen. Lassen Sie das zu! Geben Sie deshalb nicht auf, sondern schnallen Sie sich wieder Ihren Rucksack auf und wandern einfach weiter und immer weiter, bis Sie ihr Ziel erreichen.

Egal, wie oft Sie absetzen und Pause machen müssen. Egal, wie oft Sie vorwärts und dann wieder zurück laufen müssen. Sie werden ankommen und wenn Sie bis Sie 100 Jahre alt sind, weiterlaufen.

Lassen Sie keine Hektik aufkommen. Sie schaffen es! Bauen Sie auf Ihr Durchhaltevermögen!

Nur Sie allein können sich ändern. Sie treffen Ihre Entscheidung und gehen Ihren Weg. Allein! Und selbst, wenn Sie die Hilfe von anderen annehmen: es ist und bleibt Ihr Verdienst. Denn nur ein freier Wille kann tiefgreifende Veränderungen bewirken. Deshalb: lassen Sie es nicht zu, dass Sie unter Druck oder Zwang geraten. Gehen Sie ein gemäßigtes Tempo. Ihr Tempo!

Sie gehen Ihren Weg - langsam aber stetig!

32. Langsam aber gewaltig

In der Langsamkeit steckt Kraft. Nicht erst Sten Nadolny hat uns das beigebracht. Jeder einzelne Schritt, den Sie wohlüberlegt gehen, bringt Sie weiter. Hastiges Losstürmen, um der Erste sein zu wollen, schadet meist. „Gemütlichkeit" ist nicht umsonst ein typisch deutsches Wort, um welches uns die europäischen Nachbarn beneiden.

Lernen sie, geduldig zu sein! Warten Sie, bis der Apfel reif ist und pflücken ihn erst dann. Lernen Sie, zu warten. Und bleiben Sie flexibel und sensibel genug, zu erkennen, wann Sie handeln müssen.

Wollen Sie Ihr Leben verändern, sollten Sie nicht planlos vorgehen. Die Zeit, einen Plan zu erstellen, müssen Sie sich nehmen, damit auch etwas Vernünftiges dabei herauskommt. Und deshalb brauchen Sie zunächst einmal klare Ziele.

Was genau wollen Sie eigentlich? Haben Sie sich diese Frage schon einmal gestellt?
Es ist gar nicht so einfach, auf diese Frage eine zufriedenstellende Antwort zu geben. Entweder es wird sehr unspezifisch, wie „reich sein" oder „gesund bleiben"; oder vergleichend: „wie Michael Schumacher" sein, oder „wie Heidi Klum".

Und Sie?
Sind Sie Jemand, der so weitschweifende wie inhaltslose Antworten im Stil von: „gerne das erreichen wollen, was vor mir noch keiner geschafft hat" auf Lager hat? Dann tut es mir leid. Denn das sind keine Ziele. Nichts davon funktioniert!

Was Sie brauchen, ist ein klares und genau definiertes, persönliches Ziel. Erinnern Sie sich an das Sams und Herrn Taschenbier? Herr Taschenbier hatte durch die Wunschpunkte des Sams die Möglichkeit, sich alles wünschen zu können, was er wollte. Leider waren fast alle Wünsche von ihm Reinfälle und machten mehr Ärger, als sie einbrachten, weil er nicht *genau genug* wünschte.

Soll es Ihnen genauso gehen? Sehen Sie sich Ihre Lebensaufgaben an. Wo genau hakt es? Was wünschen Sie sich konkret?

Betreiben Sie ein Brainstorming und schreiben Sie alles auf, was Ihnen einfällt. Dann ordnen Sie es nach Lebensbereichen. Schließlich kommen Sie vom Vagen ins Konkrete und finden Ihre Ziele.

Suchen Sie sich Ihre Ziele gründlich aus und dann los!

33. Ziele vorfühlen

Welche Ziele haben Sie?

Ein schönes Haus? Neues Auto? Eine befriedende Arbeit? Finanzielle Absicherung? Oder greifen Sie nach den Sternen? Reichtum, Luxus, Macht?

Vielleicht sind Sie auch mit weniger zufrieden? Gesundheit, Frieden, glückliche Familie?

In den meisten Büchern würde jetzt stehen, dass Sie Ihr Denken umprogrammieren müssen. Dagegen rate ich Ihnen etwas anderes. Der erste Schritt vor dem Denken ist das Fühlen.

Wie fühlt es sich an, erfolgreich zu sein? Können Sie dieses Gefühl annehmen? Welche Erfolge kennen Sie bereits? Wie fühlte sich das an?

Überprüfen Sie Ihre Gefühle!

Können Sie mit Erfolg umgehen?

Testen Sie sich!

Welcher Vorfühl-Typ sind Sie?

Entscheiden Sie sich für eine der drei Beschreibungen:

a) Sie können es sich gut vorstellen. Empfinden dabei Glück, Zufriedenheit, Stolz. Es geht Ihnen gut bei dem Gedanken an Erfolg.

b) Sie können es sich nur schlecht vorstellen, wie es ist, Erfolg zu haben. Die Gedanken daran sind teilweise blockiert. Sie empfinden wenig bis nichts bei der Vorstellung. Sie zweifeln.

c) Sie können es sich überhaupt nicht vorstellen. Sie sind davon überzeugt, es nicht verdient zu haben. Sie empfinden Schuld, Scham, Minderwertigkeit und Schmerz.

Auswertung:

a) Sie sind bereits im Vorfühlen erfolgreich. Bravo! Jetzt fehlt Ihnen nur noch ein guter Plan und Mut und Kraft zur Umsetzung.

b) Sie zweifeln, ob sie es schaffen können; ob Sie Glück überhaupt verdient haben. Beschäftigen Sie sich mit Ihren Zweifeln. Woher kommen diese? Was genau glauben Sie, nicht schaffen zu können? Sie blockieren, wenn es darum geht, erfolgreich zu sein. Aber was wollen Sie mit dieser Blockade erreichen? Welche Rolle spielen Sie?

c) Sie fühlen sich als Verlierer. Glauben, nichts Besseres verdient zu haben. Können Ihre Opfermentalität nicht aufgeben. Arbeiten Sie daran, diese los zu lassen. Wieso ist es so schön, ein Opfer zu sein?

Fühlen Sie vor, ob Sie Erfolg annehmen können!

34. Unwägbarkeiten einplanen

Sie haben vorgefühlt und sind sich sicher, den künftigen Erfolg auch annehmen zu können.

Gut!

Sie sind einen entscheidenden Schritt weiter gekommen. Jetzt brauchen Sie einen gründlich erarbeiteten und gut ausformulierten Plan.

Glück ist ein Besucher. Je besser Sie sich auf ihn vorbereiten, desto schöner und stressfreier wird der Besuch. Sie können den Besuch des Glücks nur dann genießen, wenn Sie sich entsprechend gut darauf eingestellt haben und in den entscheidenden Augenblicken flexibel genug sind, auf Unwägbarkeiten zu reagieren.

Wunder, Glück und Erfolgserlebnisse sind lediglich Schlusspunkte einer optimaler Vorbereitung, stetigen Hinarbeitens und schnellen Reagierens auf Unwägbarkeiten.

Was sind „Unwägbarkeiten", werden Sie sich vielleicht jetzt fragen? Es sind neue, unerwartete Situationen oder Umstände, plötzliche Veränderungen, Verluste oder Zugewinne, Katastrophen oder Krisen im Leben eines Menschen.

Planen Sie ein, dass garantiert etwas dazwischenkommt. Planen Sie ein, dass Sie zweifeln, ob der neue Weg der richtige ist. Planen Sie ein, dass es Ihnen mit dem neuen Weg zunächst einmal schlechter geht als vorher.

Planen Sie Unwägbarkeiten ein und gehen Sie weiter!

35. Ziele formulieren

Um sich optimal vorzubereiten, nehmen Sie jetzt Ihr Blatt mit dem Brainstorming wieder her. Haben Sie schon Ihre Ziele in den einzelnen Bereichen? Wenn nicht, sind hier ein paar Ideen, was mögliche Ziele sein könnten:

Beruf

Erfolg in ihrer Position, eine gehobene Position, erfüllende und sinnvolle Arbeit, Spaß an der Arbeit, nette Arbeitskollegen, gutes Arbeitsklima, Anerkennung, etwas zu sagen haben, bekannt sein, guter Verdienst, „Hobby zum Beruf" zu machen, Erhalt der geistigen und körperlichen Flexibilität, stetige Fort- und Weiterbildung, immer wieder dazulernen

Partnerschaft

Feste Partnerschaft, Miteinander, gute Gefühle miteinander, Zuverlässigkeit, Ehrlichkeit, gute Konfliktlösungsstrategien, gute Kommunikation miteinander, gute Kooperation bei Arbeiten

Kernfamilie

Gute Kommunikation, gute Konfliktlösungsstrategien, Miteinander, gegenseitige Zuneigung, Offenheit, Zuverlässigkeit, guter Elternteil sein, Vorbild für eigene Kinder sein, eigenes Heim, eigener Verdienst der Familie gut ernährt, Geborgenheit, Sicherheit

Freizeit

Entspannung, Urlaub, Freude an Hobbys, freie Zeit ohne Planung, Faulenzen, Medienkonsum, Kaufkonsum, Genuss (Essen, Trinken, Kultur, Bildung), Gemeinschaftserlebnisse (Besuch von Veranstaltungen, Konzerte), Rausch (Alkohol, Drogen, Medikamente, Medien, Sex), körperliche Fitness,

Zufriedenheit im Körper (Massage, Sauna, Sport), Kontrolle über Finanzen

Ursprungsfamilie

Gutes Kind sein, Erfolge den Eltern aufzeigen, von vielen Seiten Liebe und Geborgenheit empfangen (Eltern, Großeltern, nahe Verwandte), Vorbild für Geschwister sein, Familieneinigkeit, gute Kommunikation innerhalb der Familie, Familienerhalt, gegenseitige Zuneigung, Geborgenheit, Sicherheit, Hilfe anbieten und erhalten

Nebenfamilien

Vorbild sein, Familieneinigkeit, gute Kommunikation, Zusammengehörigkeitsgefühl fördern, gegenseitige Akzeptanz, Berechenbarkeit, Hilfe anbieten und erhalten

Freundschaft

Gute Kommunikation, gute Konfliktlösungsstrategien, Miteinander, gute Gefühle miteinander, Offenheit, Zuverlässigkeit, Spaß miteinander haben

Ich-Ziele:

Sinn im Leben finden, Gehaltenwerden, Geborgen sein, Freiheitsgefühl, Alleinsein, Teil der Gesellschaft sein (Nachbarschaft, Verein, Dorf, Stadtviertel, Stadt, Kreis, Land) zu sein, Befriedigung (Sex), bewundert werden, beachtet werden, Anerkennung für ihr Tun erhalten, Achtung ihrer Person, Respekt, Selbständigkeit vs. Streben nach Gemeinschaft, Ich-Erhalt, finanzielle Absicherung

Traumziele:

Ganz oben auf Ihrer Agenda sollten Traumziele stehen. Ziele, die Sie sicher so bald nicht erreichen werden. Warum? Ganz einfach. Mit Blick auf die Bergspitze wird jede Bergwandertour zu einem Erlebnis. Das Ziel ist klar: oben ankommen! Genauso ist es mit den Traumzielen. Die sollten von unten nicht so leicht erreichbar sein. Erst dann ist die Motivation zum Aufstieg, auch auf längerer Strecke, gesichert. Und Motivation brauchen Sie, um sich und Ihr Denken und Tun verändern zu können.

Sollten Sie ihr Traumziel doch einmal erreichen, sehen Sie sich um: ist da hinten nicht ein Berg, der noch höher, noch interessanter ist? Gehen Sie wieder herunter und wagen Sie ein neues Abenteuer. Lernen ist Abenteuer. Und macht Spaß. Ich verspreche es Ihnen. Haben Sie sich einmal darauf eingelassen, wird Sie das Lernfieber nicht mehr los lassen. Es wird wie eine „Sucht" (hier im positivem Sinne), wenn Sie sich von einer zur anderen Herausforderung stürzen. Und es ist bereichernd. Sie „suchen" Aufgaben, damit Sie immer weiter dazulernen können.

Achten Sie darauf, dass das Verhältnis von Tagträumen zum Erleben der Realität ausgeglichen ist. Zu viel Träumen vergibt auch Kräfte, die Ihnen dann zur Bewältigung realer Situationen fehlen.

Unerreichbare Ziele:
Es ist gut, wenn Sie sich hohe Ziele stecken. Ohne große Aufgaben scheitern Sie bald. Wenn Ziele allerdings unerreichbare sind, fern jeder Realität sind, programmieren Sie Misserfolge vor. Sie werden versagen! Und das sicher!

Wollen Sie versagen? Nur um sich selbst zu beweisen, dass Sie ein Versager sind? Hohe Ziele sind gut. Traumziele sind gut. Unerreichbare Ziele nicht. Sie sind eine Ablenkung und werden nur deshalb von Ihnen so hoch angesetzt, damit Sie diese nie erreichen. Sie wollen sich beweisen, dass Sie jemand sind, der das Pech gepachtet hat. „Immer passiert das mir" – Sie wissen noch?

Setzen Sie Prioritäten. Was wollen Sie zuerst angehen? Welche Ziele sind Ihnen am wichtigsten? Formulieren Sie ein Datum oder einen Zeitraum, in dem Sie etwas erreicht haben wollen.

Setzen Sie sich konkrete Ziele und dann legen Sie los!

36. Jetzt passiert was

Manchmal ist es notwendig, gleich zu handeln „weil s' brennt".

Für diese Fälle habe ich mir Gedanken gemacht und Ihnen ein paar Ideen aufgeschrieben.

Was können Sie jetzt tun? Jetzt, da Sie nur eine Ahnung davon haben, wie es sein könnte, wenn Sie tatsächlich und langfristig erfolgreich und glücklich wären?

Jetzt-Maßnahmen: Beruf

Geben Sie Ihrer Arbeit einen Sinn. Wandeln Sie Ihr „Müssen" in ein „Wollen" um: Sie wollen arbeiten. Und das so gut wie möglich. Sie wollen sich auf Ihre Arbeit konzentrieren und auch bei routinierten Handgriffen erfolgreich sein. Gehen Sie nicht mit Trotz und Bockigkeit an die Arbeit wie ein kleines Kind, das von seinen Eltern zum Straßenkehren gezwungen worden ist. Sie sind erwachsen! Motivieren Sie sich, arbeiten zu wollen! Finden Sie das, was Ihnen jetzt schon Spaß macht, heraus und lernen Sie es zu genießen.

Versuchen Sie, Ihre Arbeit nicht mit einem Tunnelblick zu betrachten und den Sinn zu bezweifeln. Sie tun etwas Wichtiges! Sonst würde niemand Geld dafür bezahlen. Erkennen Sie, dass Sie ein Teil im System der gesamten Firma sind und einiges durch Freundlichkeit und Engagement bewirken können, das auch über Ihre Abteilung hinaus wirkt. Suchen Sie Erfolge im Kleinen und besonders im mitmenschlichen Umgang miteinaner! Bilden Sie sich immer weiter fort. Es schadet nichts, mehr zu wissen und mehr zu können als unbedingt notwendig ist. Haben Sie keine Angst vor der Herausforderung des Weiterlernens.

Wenn es Ärger gibt, den Sie nicht klären können: Entlasten Sie sich kurzfristig vom Druck, indem Sie herzhaft lachen, jammern und schimpfen. Am besten im Kreis der Kollegen, oder auch einfach vor sich hin. Vergessen Sie dabei nicht ein gewisses Augenzwinkern. Denn Sie wissen ja: die Welt ist nicht schlecht. Schimpfen und Jammern setzen Sie bewusst ein, um sich im Augenblick zu entlasten. Nicht, um es zur Dauereinrichtung oder gar Lebenseinstellung werden zu lassen. Lachen können Sie nicht oft genug, wenn es von Herzen kommt und es nicht nur Ihre Schüchternheit verbergen soll.

Jetzt-Maßnahmen: Partnerschaft

Stellen Sie fest, was Ihnen Ihr Partner jetzt schon gibt. Sie sehen vielleicht im Augenblick nur das Negative im Vordergrund. Sie bemerken, wie sich Ihr Partner gehen lässt; wie er immer weniger Lust hat, sich mit Ihnen zu beschäftigen. Sie bemerken, dass sich nur noch wenige Überschneidungspunkte zwischen Ihrer und der Welt Ihres Partners ergeben. Ihre Kommunikation miteinander beschränkt sich auf das Wesentliche und wenn es mehr wird, artet es in Streit aus. Sie denken über Trennung nach.

Vielleicht versuchen Sie ab sofort, Ihren Partner besser zu beobachten. Was tut er Ihnen zuliebe? Wo zeigen sich kleine Liebesbeweise? Wann geht er auf Sie zu, wo Sie es bisher vielleicht nicht gemerkt haben? Versuchen Sie, Ihren Partner zu verstehen. Warum verhält er sich so oder so?

Suchen Sie Gemeinsamkeiten!
Unternehmen Sie etwas zusammen. Ganz egal, was es ist. Nur, wer etwas zusammen erlebt, fühlt sich auch verbunden. Nutzen Sie die Zeit, in der Sie häufiger allein mit Ihrem Partner

unterwegs sind – auch einmal ohne Kinder – und sprechen miteinander. Fangen Sie unverbindlich an, denn bohrende Fragen oder schwierige Themen schrecken Ihren Partner am Anfang ab. Machen Sie zusammen Arbeiten im Haushalt.

Lenken Sie dann, wenn sich wieder gegenseitiges Vertrauen aufgebaut hat, Stück für Stück auf Ihre gemeinsamen Problemthemen. Gehen Sie es langsam an und seien Sie nicht enttäuscht, wenn sich nicht von heute auf morgen alles ändert.

Jetzt-Maßnahmen: Kernfamilie

Investieren Sie wieder mehr Zeit in Ihre Familie. Aber – achten Sie darauf, dass auch Sie Spaß haben. Tun Sie nicht alles nur den anderen zuliebe. Sie sind ein Teil der Familie und auch Sie sollen sich in Ihrer Familie wohl fühlen.

Es tut Ihren Kindern nicht gut, wenn Sie sich ein Bein ausreißen, um ihnen immer mehr und immer bessere „Attraktionen" zu bieten. Kinder haben anfänglich gar keine hohen Ansprüche. Sie sind schon zufrieden, wenn Sie bei ihnen sind und sich mit ihnen beschäftigen. Wenn Sie Ihre Kinder überborden, dann werden diese, trotz „Attraktionen" gelangweilt sein und dazu noch gesteigerte Ansprüche entwickeln. Und dann wird es richtig nervig.

Nehmen Sie sich Zeit, mit Ihren Kindern zu reden. Lassen Sie sich von deren Erlebnissen am Tag erzählen. Behandeln Sie Ihre Kinder mit Respekt, lassen Sie ihnen Ihre Individualität und vertrauen Sie darauf, dass Kinder, die von Ihnen Grenzen kennen gelernt haben, auch selbst Grenzen ziehen und einhalten können. Geben Sie eine Richtung vor, aber weisen Sie auf verschiedene Wege, wie diese einzuhalten möglich ist.

Akzeptieren Sie, dass Kinder wenig Geduld mitbringen. Reagieren sie nicht enttäuscht, wenn deren Interessen sich von Ihren grundlegend unterscheiden. Sie hatten früher auch andere Interessen als jetzt. Hören Sie aufmerksam zu und fragen Sie nach! Nehmen Sie echten Anteil am Leben Ihrer Kinder. Eine gute Möglichkeit, da nicht zeitaufwändig, ist, dass Sie Ihre Kinder fragen, was ihr schönstes und ihr schlimmstes Erlebnis am Tag war. So erfahren Sie, was Ihren Kindern wichtig ist und was ihnen nicht gefällt. Erzählen auch Sie Ihr Schönstes und Schlimmstes und Ihre Kinder schließen Sie in Ihr Herz.

Gute Eltern, die ihre Kinder lieben, umsorgen, können aber auch los lassen. Anders Eltern, die mit sich selbst nichts anzufangen wissen; deren Leben irgendwie immer auf der Kippe steht und die dem ganzen Erdendasein nichts Positives abgewinnen können. Diese werden vielleicht den ganzen Tag bei ihren Kindern sein, aber statt Ihnen zu helfen, fangen sie an, ihr Kind zu hassen – genauso wie sich selbst.

„Aber - wie soll ich meine Kinder denn jetzt erziehen? Brauchen Sie Grenzen oder bedingungslose Liebe?"
Ist es möglich, Kinder wie Erwachsene zu behandeln, ihnen mit Respekt zu begegnen und ihre Individualität ausleben zu lassen? Oder sollten Sie darauf achten, dass Kinder eben noch Kinder sind und diese vor der Welt schützen? Sollten Sie strenge Regeln vorgeben, damit Ihre Kinder Ordnung und Anpassung lernen? Oder sollten Sie nachgiebig sein, damit diese verstehen, was Güte und Nächstenliebe heißt? Wie machen Sie es richtig?

Das einfachste Motto lautet:
Nichts tun, wodurch sich Ihr Kind in die Ecke gedrängt fühlt und keinen Ausweg mehr sieht. Immer ein Türchen offen lassen. Das ist das Wichtigste.

So lange Ihr Kind Rückzugsmöglichkeiten hat, so lange es seine Meinung sagen darf, so lange es brüllen, schreien, aggressiv sein darf, ist es noch Kind. Dabei sollen aber Regeln und Grenzen nicht zu kurz kommen. Wir sind in eine Welt geboren, in der die Gesellschaft Regeln definiert. Sich dagegen aufzulehnen nutzt nichts. Wir waren, sind und werden ein Teil der Gesellschaft bleiben. Wir sind also gezwungen, uns anpassen.

Diese schwierige Aufgabe obliegt in erster Linie den Eltern. Diese sollten Ihrem Kind Freiraum gewähren, wenn keine Grenzen erforderlich sind, ihnen aber auch deutlich zeigen, was man tun darf und was nicht. Die Eltern sollten auf die Einzigartigkeit des Kindes Rücksicht nehmen und darauf vertrauen, dass dieses seinen Weg findet. Lassen Sie Ihre Kinder wachsen, wie sie es brauchen. Seien Sie sensibel und achten darauf, wie Ihr Kind ist; welchen Charakter es zeigt! Gehen Sie darauf an. Dann haben Sie eine individuelle Erziehung jenseits aller Erziehungsratgeber, die Ihrem Kind wirklich gerecht wird. Bringen Sie Ihrem Kind bedingungslose Liebe entgegen, aber verbergen Sie ihm gegenüber auch Ihre anderen Gefühle, wie Wut oder Traurigkeit nicht. Ihr Kind lernt durch Ihr Vorbild!

Sie sind wie ein Gärtner, der einen Rosenstock gepflanzt hat. Bewusst haben Sie einen Ort gewählt, an dem die Rose gut gedeihen kann. Idealerweise etwas geschützt vor Wind und Hitze. Sie lassen es zu, dass die Rose an Ihrer Hauswand emporwächst; bieten ihr so Schutz und Wärme. Dann graben Sie ein Loch in die Erde und düngen dieses mit guter Erde und wässern es ausgiebig. Voller Staunen und Freude bemerken Sie, wie die Pflanze anwächst und sich langsam fest verwurzelt. Sie beobachten das Wachstum der Rosenstaude, zeigen ihr einen Weg auf, indem Sie die Pflanze locker an eine Rankhilfe binden. Sie staunen, wie Ihre Rosenstaude Blüten ausbildet, wie diese den ganzen Sommer über blühen, freuen sich mit ihr über die Pracht und erkennen rechtzeitig, wann es Zeit ist, die verblühten Stängel abzuzwicken, um Platz für neue Triebe und Blüten zu schaffen. Sie düngen und pflegen Ihre Rosenstaude.

Sorgen Sie dafür, dass Ihre Rose gute Bedingungen vorfindet, dann wird sie von allein zu klettern und blühen anfangen.

Manchmal ist es auch wichtig, Gehorsam zu fordern. Schnelle Ergebnisse erreichen Sie freilich nur durch einen strengen Stil. Berechenbare Strenge wird aber keineswegs vom Kind abgelehnt, sondern ist auch ein Zeichen von Zuwendung. Berechenbarkeit gibt Sicherheit.

Sehen Ihre Kinder Lücken in einem strengen Regelsystem, dann werden sie versuchen, diese zu nutzen. Folgt dann eine ungerechtfertigte Strafe, denn die Kinder können ja nichts für Ihre Lücken, kommt es zu innerem Widerstand gegen Ihre Machtstellung. Dann verweigern sich die Kinder häufig und versuchen Sie zu stürzen. Der Machtkampf tobt! Und so weit sollte es nicht kommen. Schließen Sie Lücken, indem Sie Klarheit und Beständigkeit in Ihrem Regelsystem schaffen!

Auch geht es nicht darum, Tag und Nacht für Ihre Familie da zu sein. Die Qualität der Beziehungsgestaltung ist entscheidend. Und seien es nur wenige Minuten am Tag, an denen Sie ihr Kind ernst nehmen, es Fragen stellen lassen, diese beantworten, ihm in die Augen sehen, in den Arm nehmen – es wird ausreichend sein, damit Ihr Kind Vertrauen zu Ihnen gewinnt. Urvertrauen. Und Urvertrauen gibt Sicherheit für das ganze Leben.

Wenn Sie schon im Kreis Ihrer Familie sind, dann seien Sie auch für Ihre Familie da.

Jetzt-Maßnahmen: Freizeit

Nehmen Sie sich wieder einmal Zeit für Freizeitaktivitäten, die Ihnen wirkliche Erholung versprechen. Vielleicht ein längerer Urlaub? Vielleicht ein Sauna-Aufenthalt oder Massage? Setzen Sie sich nicht ständig unter Druck. Regeln Sie Ihr Druckventil in der Freizeit, indem Sie „Dampf ablassen". Lassen Sie sich ruhig gehen. Sie sollten jetzt keine große Rolle mehr spielen müssen. Seien Sie Sie selbst! Und suchen Sie auf der anderen Seite auch hier die Aktivität. Hervorragend geeignet sind: Sport, VHS-Kurse, Vereine, künstlerische Aktivitäten, gemeinnützige Dienste (wenn Sie Spaß daran haben!). Ein ausgeglichenes

Freizeitverhalten zwischen Aktivsein und sich gehen lassen wäre anzustreben.

Jetzt-Maßnahmen: Ursprungsfamilie

Das Verhältnis zu Ihren Eltern ist getrübt? Sie fühlen sich nur noch gestresst, wenn Sie mit Ihren Eltern zu tun haben? Sie haben sich noch nicht wirklich abgenabelt? Oder – im Gegenteil: Sie haben sich vollkommen von Ihren Eltern losgesagt?

Es ist nicht einfach für Sie, weiterhin Ihre Eltern „im Nacken" zu haben, obwohl Sie sich bereits ein eigenständiges Leben aufgebaut haben. Und auch, wenn Sie das jetzt vielleicht nicht lesen wollen: Sie werden Ihre Eltern haben, so lange diese leben und im Geist leben sie lebenslänglich. Sie haben eine gemeinsame Vergangenheit und Sie sind von Ihren Eltern stark beeinflusst worden. Und dies zu einer Zeit, in der ein Mensch die Welt zum ersten Mal erlebt. Die Art, wie Sie über sich und Ihre Welt denken, ist von Ihren Eltern beeinflusst worden. Da beißt die Maus keinen Faden ab.

Wenn Sie an der Beziehung zwischen sich und Ihrer Familie etwas ändern wollen, dann ändern Sie Ihr Verhalten.
„Was? So einfach? Das funktioniert doch nie!"

Vielleicht nicht – vielleicht aber doch. Sollten Sie vergessen haben, dass Sie immerhin ein Teil der Familie sind? Wenn Ihre Familie aus vier Menschen besteht, dann sind Sie ein Viertel der Familie. Das ist eine ganze Menge. Jeder Aktionär wäre froh, ein Viertel der Gesamtmenge einer Aktiengesellschaft zu besitzen. Denn damit ist eine Menge machbar! Dieses Viertel kann verändert werden. Das Verhalten dieses Viertels kann sich verändern. Und was glauben Sie, wie die anderen ¾ darauf reagieren? Sie können es nicht ignorieren. Menschen wollen sich anpassen, wollen aufeinander zugehen. Das ist ihnen angeboren. Und das wird auch Ihre Familie tun. Sie werden Ihnen entgegen kommen. Vielleicht nicht auf halber Strecke, aber spätestens dann, wenn Ihre Verhaltensänderung konstant bleibt. Dann können sie nämlich nicht mehr anders. So lautet das Schlüssel-Schloss-Prinzip.

Gehen Sie auf Ihre Eltern zu! Es sind nicht nur Ihre Eltern, die „schuld" an Ihrer vielleicht momentan schlechten Stimmung sind. Sie leben auch nur, genau wie Sie. Befreien Sie sich von Ihrer Rolle als Kind, indem Sie lernen, Ihren Eltern auf erwachsener Ebene zu begegnen. Ihre Eltern sind auch verunsichert, wie Sie mit Ihnen umgehen sollen. Lehren Sie Ihren Eltern die Art, wie Sie wünschen, dass sie mit Ihnen umgehen. Seien Sie Vorbild Ihren Eltern gegenüber. Verhalten

Sie sich so, wie Sie selbst wünschen, behandelt zu werden. Vielleicht können diese noch etwas von Ihnen lernen?

Lassen Sie sich nicht auf jeden Streit ein. Oft ist Streit die einzige Form von Kontaktaufnahme, die für jemanden möglich ist, der den anderen zwar mag, aber nicht weiß, wie er mit ihm reden soll. Führen Sie eine neue Art der Kommunikation ein. Sie kriegen Ihre Eltern sowieso nicht los. Also finden Sie eine Lösung, wie sie Ihren Frieden mit ihnen machen können.

Jetzt-Maßnahmen: Freundschaft

Lassen Sie alte Freundschaften wieder aufleben! Nehmen Sie sich Zeit für Ihre Freunde. Unternehmen Sie etwas zusammen und haben Sie Spaß miteinander. Anknüpfungspunkte wären frühere Aktivitäten, auch wenn Sie inzwischen ein „alter Esel" geworden sind. Ihr Herz kennt keine Zeit! Die Bande der Freundschaft bleibt auch über Jahre bestehen. Selbst dann, wenn Sie nichts mehr miteinander zu tun hatten. Ändern Sie das! Legen Sie alte Fehden beiseite, entschuldigen sich für alte Verletzungen und treffen Sie sich neu!

Verändern Sie jetzt etwas!

37. Zeit mit mir verbringen

Sie wollen mehr Kontrolle über Ihr Leben?

Dann lassen Sie sich nicht länger von dem Zeitplan anderer bestimmen, sondern investieren Zeit in sich und Ihr Leben.

„Wie?"

Sie verbringen doch schon 24 Stunden mit sich und sind überzeugt davon, dass Sie Ihr Leben leben. Wieso dann noch mehr Zeit mit sich selbst verbringen? Ist das nicht Unsinn?

Es wäre Unsinn, wenn Sie tatsächlich 24 Stunden bei sich selbst wären. Dem ist aber nicht so! Was ist also gemeint, wenn ich schreibe: Verbringen Sie mehr Zeit mit sich selbst?

Wie leicht ist es in unserer elektronischen und an Warenangeboten überreichen Welt, sich einfach wegzubeamen. „Scotty, beam me up" zu sagen und – schnipp – woanders zu sein. Sei es durch klassische Gesellschaftsdrogen, oder dem Fernsehen, Internet, Handy, Spielkonsolen und was sonst noch alles so geboten wird. Zu erwähnen wären da auch noch Essen, Shopping und Sex in allen Varianten mit und ohne Partner.

Aber wohin beamen Sie sich? Auf alle Fälle weit weg. Fort. In eine Art Nirvana; eine Zwischenwelt, in der, außer einem seichten und dumpfen Schein-Glücksgefühl nichts mehr zu spüren ist. Affe zu, Klappe tot. Der Gefühlsleierkasten steht für einen Augenblick still.

Es muss ja entsetzlich sein, ständig nur mit sich selbst zu tun zu haben. Ohne Zerstreuung.

Ist es so? Verbringen Sie wirklich so wenig Zeit mit sich selbst?

Wann leben Sie Ihr Ich? Und wie oft passen Sie sich stattdessen den Gegebenheiten oder anderen Personen an? Merken Sie etwas? Es wird schon eng mit der Zeit.

Rechnen Sie jetzt ruhig noch die Zeit dazu, in der Sie tagträumen und in der Sie gerade mit Informationsaufnahme und -verarbeitung beschäftigt sind, dann sieht es Mau aus mit der übrig gebliebenen Zeit.

Je nachdem, wie sehr Sie darauf trainiert sind, auf sich selbst zu achten, wird Ihre Zeit, die Sie für sich selbst verwenden, entweder knapp bemessen oder so gut wie gar nicht vorhanden sein.

Und wenn Sie dann tatsächlich bei sich selbst sind, dann denken Sie auch noch die meiste Zeit nach. Oder gehen Sie auch auf der Suche nach Ihren Gefühlen und dem, was Sie wirklich wollen?

Oh je! Dafür ist nun wirklich keine Zeit! Sie müssen doch ...
Ja, das müssen Sie! Sie müssen all das, wozu Sie sich selbst verpflichtet haben. Doch wozu sind Sie in Ihrem Leben überhaupt verpflichtet?

Beschäftigen Sie sich mit Ihren Gedanken und Ihren Gefühlen! Verbringen Sie Zeit mit sich.

38. Bewegung verändert

Wer starr ist, kann nicht flexibel sein. Er hat sich geschworen, Haltung zu bewahren und sich nicht verbiegen zu lassen. Wie die Spinne verharrt er in seinem Netz. Und wenn der Winter kommt und und sich keine Fliege mehr in seinem Netz verfängt, verhungert er.

Flexibel und anpassungsfähig zu sein sind Stärken, die allen existierenden Lebewesen gemein sind.

Gehen Sie immer wieder neu das Risiko ein. Lernen Sie etwas, das Sie bisher noch nicht können (auch im fortgeschrittenen Alter).

Fordern Sie sich heraus! Versuchen Sie sich gerade die Dinge anzueignen, die Ihnen besonders schwer fallen. So garantieren

Sie den Erhalt Ihrer geistigen Beweglichkeit und Ihres körperlichen Geschicks.

Deutlich sichtbar ist, dass flexible und lernbereite Menschen es im Alltag leichter haben als starre, zwanghafte.

In unserer hochtechnologisierten, globalisierten Welt sind wir gezwungen, uns anzupassen. Man denke an die Allgegenwärtigkeit von Computern, Handys, Bahnautomaten und was nicht sonst so alles. Wer hier die moderne Entwicklung durch Starrheit („damit will ich nichts zu tun haben") verpasst, ist bereits ins Hintertreffen geraten.

Sollten Sie von dieser Halsstarrigkeit betroffen sein, rate ich Ihnen, schnellstmöglich, sich auf den aktuellen Stand zu bringen.

Starrheit bedeutet Stillstand. Und Stillstand heißt: Warten auf Veränderungen, die andere zugange bringen sollen, es aber nicht tun und man deshalb ein Opfer der Umstände sein „muss".

Vielleicht ist ja *alles* Schicksal? Vielleicht ändert sich wirklich *alles* zum Schlechten?

Und *das* wollen Sie immer noch glauben, nachdem Sie dieses Buch gelesen haben?

Bewegen Sie sich!

39. Wie Angst entsteht

Sie haben Angst? Damit sind Sie nicht allein. Jeder Mensch hat Angst. Und das ist nicht ungewöhnlich, denn Angst ist ein Gefühl, das uralt ist. Nicht nur Menschen, sondern auch Tiere kennen es und reagieren darauf. Nicht wenige denken, dass Angst das erste und wichtigste Gefühl eines Menschen überhaupt ist.

Doch – wie entsteht Angst überhaupt?

Zunächst einmal wird der Mensch mit einer völlig unerwarteten Situation konfrontiert. Er reagiert mit einem Schrecken.

Schreck bezeichnet eine blitzschnelle, automatische Reaktion des Körpers auf plötzlich aus dem Nichts stürzende Bedrohungen.

Schreck ist ein Schutz, durch welchen der Organismus sich auf einen Angriff vorbereitet. Der Pulsschlag erhöht sich, Adrenalin pumpt durch den Körper, die Muskeln spannen sich an. Alles ist darauf ausgerichtet, sofort reagieren zu können – wenn es sein muss.

Vergleichbar vielleicht mit einem äsenden Reh, das Gefahr wittert und unruhig seinen Kopf hebt, um eine Gefahr besser erkennen und darauf reagieren zu können.

Ist der Schreck zu groß, springt das Reh ab. Das passiert besonders schnell, wenn das Reh bereits „traumatisiert" ist, oder wenn andere Rehe um es herum ebenfalls fliehen. Dann wird es sich anpassen und mit den anderen davonpreschen. Sicher ist sicher.

Auch der Mensch ist wie das Reh ein Herden- und Fluchttier. Wittert er Gefahr, will er fliehen. Wittern viele Menschen Gefahr, flieht der Einzelne vorsorglich mit. Und Flucht sähe beim Menschen ähnlich wie beim Reh aus, wenn ihm nicht die Zivilisation einen Strich durch die Rechnung machen würde.

Ein zivilisierter Mensch darf nicht so reagieren, wie er gern möchte. Kinder vielleicht. Nicht so Erwachsene. Es würde irritieren, wenn jemand, scheinbar grundlos, laut schreiend durch die Fußgängerzone rennen würde, weil er sich erschreckt hat. Das ist in jedem Fall unangemessen, außer es passiert tatsächlich eine Katastrophe, die viele Menschen betrifft. Dann, aber nur dann, ist es erlaubt, so zu reagieren.

Der Mensch hat gelernt, sich äußeres Fluchtverhalten abzutrainieren.

Dieses darf in einer Stadt, in der tausende Menschen eng zusammenleben, nicht gezeigt werden. Zu viele gerieten dadurch ebenfalls in Schrecken und das könnte eine Massenpanik und damit eine wirklich lebensbedrohliche Situation auslösen. Es geht also nicht!

Und wie geht es dann?

Gerät ein erwachsener Mensch in Schrecken, versucht er sich zunächst zu beruhigen. Dann fährt er fort, die Lage einzuschätzen. Er denkt nach, ob ihm Gefahr droht oder nicht. Wenn nicht, geht er einfach weiter. Wenn Gefahr droht, verstärkt sich seine Angst und wenn er die Möglichkeit hat, die „gefährliche Situation" weiträumig zu umschiffen, dann tut er es auch.

Hat er keine andere Chance, als sich der Situation stellen zu müssen, verkriecht er sich nach innen, die „Decke" über den Kopf ziehend. Er meidet also die Konfrontation. Die typische, allen Menschen antrainierte Verhaltensweise bei Schreck ist: Flucht, Rückzug und Vermeidung.

Erst ein Angriff ohne Fluchtchancen zwingt ihn dazu, gegen den Angreifer vorzugehen. Wie eine Ratte, die in die Ecke gedrängt und weiter und immer weiter bedrängt wird, in ihrer Not auf den Angreifer los geht und ihn zu beißen versucht; so wird sich der Mensch wehren, wenn er keine anderen Fluchtmöglichkeiten mehr sieht.

Das ist auch der Grund, weshalb Menschen Gewalt ausüben. Sie sehen für sich selbst keine Fluchtmöglichkeiten mehr. Sie meinen, schon alles ausgeschöpft zu haben, was Ihnen Zuflucht bieten könnte und verteidigen sich durch Gewalt, die sie anderen antun, bevor sie selbst verletzt werden können.

Angriff als eine Form der Verteidigung! Flucht nach vorne – weil hinten kein Platz mehr ist!

Angst ist ein notwendiges Gefühl. Lassen Sie sich trotzdem nicht von Angst regieren!

40. Aus Angst wird Panik

Aus dem Schrecken, der in Sekunden den ganzen Menschen erfasst, kann sich eine Panik entwickeln. Ihr Körper ist weiter angespannt und auf Flucht programmiert.

Sie können jetzt Ihre Körperreaktionen verstärken, indem Sie sich ganz auf Ihre Angstgefühle konzentrieren; wenn Sie darüber nachdenken, was im Augenblick schlimmstenfalls passieren könnte und anfangen, sich sämtliche, in der Erinnerung verfügbare, bereits durchlebte und angstbesetzter Situationsbilder vorzustellen. Wenn Sie sich auf die körperliche Schwäche, das Zittern, Schwitzen und die Starrheit konzentrieren.

Je intensiver Sie das tun, desto eher ergreift Panik Ihr gesamtes Ich. Panik packt Sie so schnell, dass Ihr Körper nur noch automatisch mit Schockzeichen reagieren kann.

In dieser Phase sind keine klaren Gedanken oder Gefühlsdifferenzierungen mehr möglich. Sie haben keine Kontrolle mehr über sich.

Und was kommt dann?

Sie haben versagt; konnten sich nicht kontrollieren; sind wütend auf sich. Sie verkriechen sich, verschlafen den Tag, vermeiden jegliche Situationen, die auch nur im Entferntesten an Angst erinnern. Schlimmstenfalls bieten sich hier wieder Süchte an und weisen einen Scheinausweg.
Um aus diesem Loch wieder heraus zu kommen, konzentrieren Sie sich auf Ihre Wut. Wut auf sich selbst, auf Ihre Hilflosigkeit, auf wen oder was auch immer. Denn - Wut ist stark. Sie schafft es, alle anderen Gefühle zu verdrängen. Sogar die Angst. Es sollte aber keine Dauereinrichtung werden, dass Sie Wut verwenden, um Ihre Ängste zu vertreiben.

Steuern Sie gegen Panik an, indem Sie sich aus der Situation herausbegeben!

41. Ängste frühzeitig wahrnehmen

Ängste lähmen oder sie spornen an. Je sensibler Sie sind, je frühzeitiger Sie eine Angst wahrnehmen, desto weniger hat diese die Möglichkeit, ihren Organismus lahm zu legen.

Sensibilität! Ja, Sie lesen richtig!

Seien Sie sensibel gegenüber Ihren Gefühlen und Sie werden kleinste Veränderungen bemerken und darauf reagieren können, bevor es zum Super-Gau kommt. Ist es nämlich erst einmal so weit, dass Panik Ihren Körper lähmt, dann gibt es kein Zurück mehr. Dann hilft nur noch sie aushalten und beim nächsten Mal früher reagieren.

Wenn Sie Ängste nicht wahrhaben wollen, sondern unterdrücken, verselbständigen sich diese und suchen noch dazu neue Verbündete. Angst sucht Angst und multipliziert sich mit sich selbst, wird unbestimmbar und unkontrollierbar.

Einem Unsichtbaren kann man nicht ins Gesicht sehen. Deshalb: je sichtbarer Ihre Ängste sind, desto greif- und begreifbarer. Je unsichtbarer, desto unergründlicher, beängstigender und unnahbarer.

Denken Sie, die Angst sie ein Schatten Ihrer Körperumrisse. Dieser Schatten wird Sie überall hin begleiten, egal, wohin Sie gehen. Können Sie einen Schatten vertreiben? Können Sie etwas daran ändern, dass Sie einen Schatten haben? Nein! Sie können vielleicht in die Dunkelheit gehen. Damit haben Sie ihn los, sitzen aber auch in der Dunkelheit fest. Die sinnvollere Variante bestünde darin, ihn zu akzeptieren. Was tut er Ihnen? Welche Bedeutung geben Sie Ihrem Schatten?

Auf alle Fälle bewirkt Angst eine Zerstreuung der eigenen Kräfte und damit eine Schwächung. Das notwenige Fokussieren auf einen Punkt ist nicht mehr möglich, weil Ausweichen zum Programm geworden ist. Ausweichen vor einem unsichtbaren Gegner.
Sind Sie schon einmal von jemandem verfolgt worden, der unsichtbar ist?
Sie haben keine Chance, ihm auszuweichen!

Deshalb ist es wichtig, der Angst ins Gesicht zu blicken.
„Ja, ich habe Angst!", zu sagen und herauszufinden, wovor und in welchen Situationen Sie Angst haben.

Konfrontieren Sie sich mit Ihren Ängsten. Schritt für Schritt. Fangen Sie mit einer Aufgabe an, die Sie nicht überfordert. Die leichteste zuerst, die schwerste als Sahnetorte obendrauf.

Unkultivierte Menschen kennen nur wenige Ausdrucksmöglichkeiten für ihre Gefühle. Sie wollen kultiviert sein? Dann erziehen Sie sich zur Feinheit in der Wahrnehmung von Gefühlen. Auch, was die Angst angeht.

Ängste wollen wie ein kleines Kind von der Mutter (das sind in dem Fall Sie) geborgen werden und angenommen sein. Sie fühlen sich sonst allein und im Stich gelassen und rächen sich durch flegelhaftes Verhalten.

Wie diese Rache aussieht?

Plötzlich treten psychische oder psychosomatische Symptome auf, die Ihr Leben mehr als ungünstig beeinflussen. Diese Symptome zwingen Sie durch Schmerz und Schwäche zu einer

Veränderung und bewirken, dass Ihre Gefühle wieder zu Ihrem Recht kommen.

Gefühle wollen nicht eingesperrt sein. Sie lieben die Freiheit! Wie eine launische Diva beharren Sie auf Ihre Rechte.
Das Recht, zu kommen und zu gehen, wann immer sie wollen. Und das Recht, so stark zu sein, wie sie wollen. Wenn Sie es schaffen, im Einklang mit Ihren Gefühlen zu leben, werden diese Sie nicht mehr stören, sondern Ihnen helfen. Ignorieren Sie nicht, wenn Sie Angst haben.

Schauen Sie sich an, wovor Sie Angst haben!

Sagen Sie laut: Ich habe Angst vor ...! Das ist der erste Schritt.

42. Ich bin stark!

Sie denken, dass Sie schwach seien; dass Sie schon zu viel mitgemacht haben? Dass sowieso alles zwecklos ist? Sie haben schon so viel versucht und nichts ist Ihnen gelungen?

Vielleicht ja. Vielleicht denken Sie aber auch einseitig. Drehen Sie Ihre Denksätze einmal um!

Was haben Sie noch nie gemacht? Wo waren Sie stark? Was hatte Sinn in Ihrem Leben? Was wollten Sie schon immer einmal tun? Was ist Ihnen bereits gelungen? Merken Sie jetzt, dass Sie ziemlich einseitig denken?

Weg mit dem negativen Denken! (das erinnert doch zu sehr an die Weißblindheit).
Schauen Sie sich Ihre „Lebensweisheiten" einmal an, die Sie sich immer vorsagen. Wiederholen die sich nicht? Wenn ja, sind das Denkmuster!

Finden Sie neue Denksätze, die positiv und eindeutig formuliert sind und Ihnen Kraft geben, anstatt Kraft zu nehmen. Tragen Sie diese wie eine Fackel vor sich her, wenn es wieder einmal dunkel um Sie werden sollte.

Ich höre schon Ihren Einwand: positiv denken! Wenn das so einfach wäre. Ich weiß, dass positives Denken unglaublich schwer ist, wenn man viel Negatives erlebt hat. Ich weiß auch, dass ein bloßes: „Denk doch anders" hier nicht helfen kann. Was aber sicher hilft, ist ein veränderter Umgang mit Ihrem Inneren.

Noch einflussreicher als der Gedanke ist nämlich das Gefühl. Fühlen Sie sich sicher, aufgehoben, erfolgreich, geliebt, dann haben Sie auch Kraft für positive Gedanken.

Wenn Sie sich Ängsten ausgesetzt fühlen, depressiv oder in Zwängen gefangen sind, können Sie nicht positiv denken. Das wäre eine Farce; unrealistisch, das zu verlangen. Gehen wir von der Realität aus.

Geht es Ihnen gut, können Sie auch positiv denken. Geht es Ihnen schlecht, sind Sie mit anderem beschäftigt. Wie können Sie es also schaffen, dass es Ihnen wieder gut geht?

In erster Linie brauchen Sie Menschen um sich herum. Menschen, die Sie verstehen und Ihnen Aufmerksamkeit und Zuwendung schenken. Diese wärmenden Gefühle sind wie weiche Kopfkissen, in die Sie sich fallen lassen können. In einem derartig weichen Pfühl gebettet, ist alles möglich.

Alleine es ist sehr schwer, wenn nicht gar unmöglich, sich selbst bei Frost wärmen zu können. Wer das fertig bringt, ist ein Genie und nicht von dieser Welt. Die meisten anderen suchen Zuneigung durch andere oder notfalls - Ersatzbefriedigungen.

Wie Sie sehen, gibt es keinen einfachen Weg. Es stimmt also, wenn jemand sagt, dass er es *einfach* nicht schafft. Es ist *nicht* einfach, aber – und jetzt kommt die gute Nachricht – auch nicht unmöglich.

Was also tun?
Zum einen: holen Sie sich Wärme bei Familie, Partner, Kinder, Freunde, Bekannten. Das wäre der erste und wichtigste Schritt.
Mit neuer Kraft ausgestattet, trauen Sie sich Schritt für Schritt aus Ihrem Schneckenhaus.

Wagen Sie das Neue. Rechnen Sie mit Rückschlägen. Rückschläge gehören zum Lernen, oder haben Sie schon einmal ein Kind gesehen, das ohne hinzufallen Laufen gelernt hat?

Mut ist die Kraft, die Sie brauchen. Mut, auf Neues zuzugehen. Mut, verletzlich zu sein. Mut, nach Rückschlägen wieder aufzustehen und weiter zu gehen. Mut, positiv zu denken, auch wenn die Lage nicht rosig aussieht. Mut, genau das zu tun, wovor Sie die meiste Angst haben. Denn dann haben Sie den

Punkt gefunden, an dem Sie das meiste lernen können. Mut, sich selbst zu überwinden. Mut, die Angst anzunehmen. Mut, trotz Angst das Neue zu wagen.

Denken Sie sich stark!

43. Zu schwach?

Wenn Sie offensichtliche körperliche oder geistige Schwächen oder Behinderungen haben, kann das Ihr ganzes Leben negativ beeinträchtigen. Oder es kann Ihnen helfen, bewusster und intensiver zu leben und Ihre Schwächen durch Stärken auszugleichen.

Als Beispiel für einen Menschen, der es geschafft hat, möchte ich Thomas Quasthoff nennen.

Thomas Quasthoff ist renommierter Professor an einer Musikhochschule und dazu war er einer der besten Sänger in seiner Stimmlage. Thomas Quasthoff ist außerdem durch die Nebenwirkungen von Contergan schwer behindert. Weshalb ich ihn als Beispiel nennen will, ist, weil er in seinem bemerkenswerten Buch geschrieben hat, dass seine Eltern ihn nie als „Behinderten" angesehen und abgestempelt haben. Sondern, dass diese immer dagegen angekämpft haben, wenn andere ihn als „Behinderten" ansehen wollten. Beeindruckend, wie seine Eltern ihn sich alleine abmühen ließen, sich anzuziehen, nur um ihm nicht das Gefühl zu geben, dass er „behindert" sei. Auch sollte er auf eine normale Schule. Und das haben die Eltern – mit Hindernissen und durch vollen Einsatz – auch fertig gebracht. Sie haben sich nicht entmutigen lassen von den Aussagen der Lehrer, dass ihr Kind behindert sei.

Auch Thomas Quasthoff hat sich in seinem späteren Leben nicht „behindern" lassen. Er nutzte seine Stärke – eine ausdrucksstarke Stimme – und ging seinen Weg. Dazu hat er bewiesen, dass es besser ist , keine offensichtliche Rücksicht auf Behinderungen zu nehmen, sondern die Menschen mit Behinderung wie jeden anderen auch normal zu behandeln.

Vielleicht können Sie aus diesem Beispiel lernen, dass auch Sie mit Ihren Schwächen anders umgehen könnten? Vielleicht liegt Ihre größte Schwäche darin, dass Sie *überzeugt* davon sind, schwach zu sein?

Schwächen sind dazu da, dass Sie ihre Stärken klarer erkennen!

44. Was für ein Egoist

„**W**ozu soll ich kämpfen, wenn doch sowieso alles egal ist?"

Sie nehmen sich selbst nicht wichtig. Nicht wichtig genug, um für sich kämpfen zu wollen.

Wer ist Ihnen denn überhaupt wichtig? Ihre Familie? Ihre Kinder? Ihr Partner?

Wachen Sie auf und registrieren, dass es in diesem Leben nur um eines geht – um Sie!

Alles, was Sie tun, tun Sie für sich!

„Stop, Stopp!", höre ich Sie förmlich laut protestieren, „ich bin doch immer nur für andere da. Tue alles was andere wollen, nie etwas für mich".

Eindimensional betrachtet stimmt diese Betrachtungsweise. Aus der Distanz betrachtet ist sie eine furchtbare Lüge. Sie erinnern sich an die Opfermentalität.

Denken Sie nur an sich selbst! Seien Sie egoistisch (nicht egozentrisch!) und kümmern sich endlich einmal um Ihr eigenes Vorwärtskommen in dieser Welt.

Denn – wer sollte es sonst tun? Wer lebt Ihr Leben? Wer kämpft Ihre Kämpfe? Wer bleibt am Leben, um weiter zu kämpfen? Sie, sie und noch einmal sie!

Seien Sie ein Egoist! Und stehen Sie dazu.

45. Probieren geht über studieren

Beweisen Sie, dass Sie erfolgreich sein können.

Tun Sie es für sich! Lassen Sie sich auf das Experiment ein, Schwieriges auszuprobieren. Bewerten Sie sich erst danach „objektiv": Hat es geklappt? Hatte ich Erfolg?

Der Boden Ihres Erfolgs besteht aus Selbstvertrauen.

Sind Sie erfolgreich, wirkt das wie Dünger auf den Boden. Durch jeden Erfolg, den Sie erzielen, verbessern Sie die Qualität der Erde unter sich, so dass Ihre Chancen auf weitere Erfolge immer mehr steigen.

Spüren Sie ihren Erfolg nach. Wo genau fühlen Sie ihn? Im Herzen? Im Bauch? Wird es warm, kribbelig, weit? Fühlen Sie eine Liebesgefühl in sich aufsteigen?

Genießen Sie es und spüren dem nach. Sie haben es geschafft! Sie sind auf dem Weg zum Glück! Gratulation!

„Und wie sollen ich damit umgehen, wenn ich doch einmal scheitere"?

Eigentlich können Sie gar nicht scheitern, wenn Sie alles beachten, was ich hier schreibe.

Nein - Spaß beiseite. Sie haben natürlich Recht. Sie können auch scheitern. Und dann sollten Sie es sich auch eingestehen.

Machen Sie dann eine Fehleranalyse. Möglicherweise war die Herangehensweise fehlerhaft, zu wenig geplant, zu unmotiviert, vielleicht wollten Sie auch scheitern (Sie wissen schon: Opfermentalität).

Es gibt einen Grund dafür, dass es nicht geklappt hat. Spüren Sie den auf.

Und dann?

Weiter geht's! Was tun kleine Kinder, die Laufen lernen wollen? Sie fallen hin. Immer und immer wieder. Und dann? Hören Sie etwa auf, Laufen lernen zu wollen? Nein! Sie probieren es wieder. Und fallen wieder. Und probieren es wieder.

Man möchte meinen, dieser Prozess dauert ewig. Und das erscheint auch so. Und dabei? Die meisten Kinder können mit einem Jahr bereits Laufen. Und das, obwohl Sie erst seit wenigen Wochen üben. Das ist doch einmal ein Vorbild für Sie, oder nicht?

Und wissen Sie was? Sie waren eines dieser Babys!

Sie hatten schon einmal die Kraft, Misserfolge hinzunehmen und weiter zu machen. Sie hatten es drauf! Es ist also eine uralte Ressource, die in Ihnen begraben liegt und lediglich wiederbelebt werden müsste.

„Und wenn ich entmutigt bin? Was dann?"

Was tun Kinder, die sich beim Hinfallen wirklich weh tun? Sie schreien, rennen zur Mama, lassen sich trösten und – machen weiter. Sie tun es einfach ohne lange darüber nachzudenken. Anfangs vielleicht vorsichtiger, aber Sie geben nicht auf, bis Sie das Laufen gelernt haben.

Und genau das können Sie auch! Bei kleineren Misserfolgen machen Sie einfach weiter. Denken Sie gar nicht lange darüber nach. Fehleranalyse, Verhaltensänderung und dann weiter. Es wird klappen. Glauben Sie an sich!

Bei größeren Misserfolgen gehen Sie zu Ihrem Partner, einem guten Freund oder Ihrer Familie, reden darüber, verleihen Ihrer Enttäuschung, Wut, Traurigkeit, Hilflosigkeit Ausdruck, überlegen gemeinsam, welche Möglichkeiten es noch gibt, suchen sich eine davon aus und machen dann weiter. Aufgeben gilt nicht!

„Heile, heile Segen" – Sie wissen noch? Was hat Ihnen gut getan, als Sie schwer gestürzt zur Mutter gerannt sind? Ihre Mutter hat Sie in den Arm genommen und Sie konnten sich ausschluchzen.

Glauben Sie, dass diese Methode, die von Ihnen einst so erfolgreich praktiziert worden ist, nicht auch jetzt wieder für Sie nützlich sein könnte?

Laufen Sie los, fallen Sie hin, stehen Sie auf und laufen Sie weiter!

46. Es war schlimm

„**U**nd was", fragen Sie sich jetzt vielleicht, „ist mit meiner Vergangenheit? Ist die nicht auch für mein bisheriges Leben verantwortlich?"

Ja und nein. Wenn Sie sich als Opfer der Vergangenheit sehen, dann wirkt diese wie ein schwarzes Grab in Ihnen fort.
Sie hatten eine schlimme Kindheit?
Das hatten viele.
„Wie?", fragen Sie jetzt vielleicht; „Das hatten viele? Aber sicher nicht so eine Schlimme wie ich"
Doch!

Denn die meisten Menschen hatten eine genauso „normale" Kindheit, wie Sie.

„Normal" – wie wir gesehen haben – gibt es gar nicht. Denn jeder Mensch erlebt subjektiv. Insofern hatte jeder Mensch in seiner Kindheit Probleme, die schrecklich und ebenso Momente, die unvergesslich waren.

Dass körperliche Schmerzen subjektiv empfunden werden, ist bereits bekannt. Seelische Schmerzen ebenso.

Für den einen ist eine Ohrfeige das Schlimmste, was er je erlebt hat und er spürt heute noch seine Backen brennen. Für den anderen war es normal, sich täglich von einem alkoholisierten Vater halbtot prügeln zu lassen, bis er schließlich gar keine Schmerzen mehr verspürte.

Und obwohl, objektiv gesehen, die Ereignisse grundverschieden sind, können sie doch die gleichen Auswirkungen haben. In unseren Beispielen, z. B.: Angst vor Autoritäten.
Es kommt also darauf an, wie Sie ein Ereignis bewerten: °Das war schlimm" oder „Das war schön." Zwei Pole: Der Süden, wo alles wunderbar ist; und der Norden, an dem alles schrecklich kalt ist.

Aus jedem Ereignis kann man beides ziehen. Aber nur, wenn man will.

Das hat mit Schönreden nichts zu tun. In jedem Unglück steckt eine Chance zur Veränderung. Warum sollte das Unglück sonst ausgerechnet zu diesem Zeitpunkt zu Ihnen kommen?

Ein Ereignis bringt Veränderungen in der Lebensführung mit sich.

Diese werden, wie alle Veränderungen, zunächst negativ erlebt; denn kein Mensch ändert sich gern. Nach einer gewissen Zeit und mit einem gewissem Abstand sollten Sie allerdings auch nach der versteckten Botschaft in der Katastrophe suchen.

„Wie bitte?", werden Sie jetzt fragen; „was kann denn positiv am Tod meines Mannes sein?"

Und ich verstehe Sie.

Andererseits nutzt Ihnen mein Verständnis nicht viel. Jetzt geht es um Ihr Leben. Sie leben! Und das ist Realität. Bestimmt hätte Ihr Mann nicht gewollt, dass Sie sich einfach aufgeben und im Wunderland des Lebens alles durch die traurig-weißblinde Brille sehen. Bestimmt hätte auch er gewollt, dass Sie sich einen Ruck geben und Neues wagen.

Vielleicht wollten Sie schon immer etwas tun, was Sie sich bisher nicht trauten. Tun Sie's! Der Zeitpunkt ist günstig und er ist da. Er wartet, von Ihnen ergriffen zu werden. Jetzt geht es um Sie! Nutzen Sie Ihre Chance.

Sie haben Ihre Kindheit überstanden, die ersten Krisen in der Pubertät und was sonst noch alles in Ihrem Leben los war und Kraft gekostet hat. Diese Zeiten haben Sie überwunden und sind gestärkt daraus hervorgegangen.

Wenn Sie Ihre Vergangenheit nicht los lassen wollen, dann betreiben Sie Totenpflege, lecken alte Wunden und klagen über Ihre traurige, aber in der Traurigkeit durchaus bequeme (da nicht verändern zu müssende) Lage.

Was will Ihnen Ihr Unglück sagen? Finden Sie es heraus!

47. Eitrige Wunden

Alte Verletzungen klammern sich an die Seele wie Dornen mit Widerhaken ins Fleisch. Sie kriegen die Wunden einfach nicht zu. Aber Sie können lernen mit den Wunden anders umzugehen.

Nichts passiert einfach so! Und wenn alles, was passiert, einen Sinn hat, dann hat auch Ihre Verletztheit einen Sinn. Was haben Sie gelernt, allein dadurch, dass Sie so verletzt waren? Wohin hat Ihr Lebensweg Sie getrieben? Welche Vorteile können Sie aus Ihrer Sensibilität ziehen?

Belasten Sie alte Erlebnisse und kommen Sie deshalb auf keinen grünen Zweig, sollten Sie daran gehen, Ihre Verletzungen zu verarbeiten. Dazu ist allerdings Hilfe erforderlich. Lassen Sie sich helfen! Seien Sie nicht zu stolz! Es gibt Menschen, die Ihnen helfen können!

Gehen Sie mit einem solchen im Geiste noch einmal Ihre Erinnerungen durch und spüren Sie nach, wie es damals für Sie war. Hören Sie auf das, was Ihnen Ihre Gefühle sagen und erkennen Sie, dass Sie auch damals nicht hilflos waren.

Sie haben sich gewehrt! Zumindest haben Sie es versucht. Und im Kleinen ist es Ihnen auch gelungen. Und irgendwann sind Sie geflohen. Sie haben sich Ihren Stolz bewahrt und Ihr Ich geschützt!

Kurzum: sie waren nie hilflos und sind auch jetzt anderen Menschen nicht völlig ausgeliefert! In der ausgeliefertsten Situation blieb ein Rest von Ihnen frei. Denken Sie daran. Sie haben immer die Chance, sich zu wehren und Sie haben es früher auch getan. Lassen Sie es nicht zu, dass andere Menschen Ihre Privatsphäre mutwillig verletzen! Trainieren Sie Ihre Fähigkeiten, sich zu schützen!

Ist Ihr Bündel zu schwer, kann es nicht allein getragen werden! Nehmen Sie Hilfe an!

48. Nicht zu vergessen

Sind Sie einer von der Sorte, die ihren Schlüssel verlegen und partout nicht wiederfinden können? Oder haben Sie eine Gesprächsnotiz extra an einen wichtigen Platz gelegt. Wissen dann aber nicht mehr, wo der ist? Ein wichtiger Termin wird von Ihnen weder in den Kalender eingetragen, noch nehmen Sie ihn wahr. Sie haben ihn einfach vergessen.

Natürlich bekommt Ihr Umfeld solche Missgeschicke mit. Und wenn sich „Fehler" dieser Art häufen, werden Bekannte dies entsprechend kommentieren. „Du vergisst noch deinen Kopf" oder „Das ist doch wieder einmal typisch".

Ihre Freunde, Arbeitskollegen oder Familienangehörige ärgern sich über Ihre Unachtsamkeit. Sie schmunzeln verlegen. Aber weh tut es doch. Und insgeheim wissen Sie: „ich will das nicht mehr". „Ich will nicht mehr die Schusseltante sein. Aber wie soll ich das ändern?"

Sind Sie vergesslicher als andere? Leiden Sie unter Intelligenznot? Grüßt Alzheimer?
Ich denke nicht, dass es schon so weit ist.

Aber ohne Zweifel sind Schwächen bei Ihrer Merkfähigkeit erkennbar. Ist Ihr Gehirn fit, wird es auch bei „alltäglichen" Leistungen gut funktionieren.

Wenn Sie weniger gut im Training sind, ist das schon einmal ein Grund, darüber nachzudenken, ob etwas mehr Gehirnbewegungen Ihren grauen Zellen nicht gut täten. Im übrigen „wollen" manche Dinge vergessen werden. Gerade die Unangenehmen. Fragen Sie sich, was Ihnen Ihre Schusseligkeit in dem Fall damit sagen will?

Wenn Sie nach den Sternen greifen, sollten Sie wissen, wie diese heißen und wo sie zu finden sind. Das können Sie nur, wenn Sie Ihre kognitiven Fähigkeiten trainieren!

Trainieren Sie Ihr Gedächtnis und Ihre Denkflexibilität!

49. Die Sache muss wichtig sein

Besonders leicht können Sie sich Dinge merken, die Ihnen etwas bedeuten. Dinge, die Ihnen wichtig sind. Bedeutet Ihnen zum Beispiel eine Telefonnummer nichts, weil Sie den Typ sowieso nicht mögen, der sie ihnen gegeben hat, haben Sie diese schneller vergessen als aufgeschrieben.

Um sich etwas leicht merken zu können, brauchen Sie einen Schlüssel, um das Schloss Ihrer Erinnerungen aufsperren zu können. Und dieser Schlüssel heißt: „Wichtigkeit".

Bringen Sie es fertig, einer Sache Wichtigkeit zu geben, dann behalten Sie diese auch im Kopf.

Ist es für Sie wichtig, den Schlüssel zu finden, wenn ein Ersatzschlüssel zugriffsbereit deponiert ist? Einen Zettel, wenn darauf Gesprächsnotizen von einem Telefonat mit dem Vertreter sind, zu dem Sie kein Vertrauen haben? Sich an eine Gefälligkeit zu erinnern, die jemand von Ihnen verlangt hat, der Ihnen noch etwas schuldet? Sich zu merken, wie teuer die Eier im Supermarkt waren, wenn die Preisunterschiede verschwindet gering sind?

Wichtig ist für Sie allein das, was Sie emotional berührt, also wichtig ist. Sonst nichts!

Die Kunst, wie Sie Dinge einfacher lernen können, ist die, dass Sie sich mit den Dingen beschäftigen, bis sie von diesen berührt sind. Dann werden Sie eine Menge davon behalten - wollen.

Lassen Sie sich von der Muse küssen! Suchen Sie im Lernstoff nach ihr.

Umgeben Sie sich mit Ihrem Lernstoff. Finden Sie Details, die großes Interesse bei Ihnen wecken. Arbeiten Sie sich in diese Details ein. Nehmen Sie diese als Zentrum Ihres weiteren Lernens. Sehen Sie diese interessanten Details als Sonne an. Lernen Sie, von der Sonne ausgehend, zu den Planeten, die sie umkreisen bis hin zu den Meteoriten, die am Rand herumschwirren, das ganze Wissensgebiet kennen.

Ohne einen gewissen Selbst-Zwang funktioniert dieses System allerdings nicht.
Ich will Ihnen noch ein anderes Bild beschreiben, um zu verdeutlichen, was ich meine:

Sie sind ein Angler und wollen große Fische fangen. Das motiviert Sie, stundenlang am Gewässer zu stehen und hineinzustarren. Haben Sie nur kleine Fische gefangen, dann hat es Ihnen trotzdem Spaß gemacht. Sie konnten, mit der Aussicht auf den großen Fang, Ihr Interesse am Angeln aufrechterhalten. Das ist der Trick!

Leider ist es so, dass der Mensch nur unter Druck sein Bestes gibt und zu Höchstleistungen bereit ist. Und die Faulheit siegt nur allzu oft. Der Drang, dem „Trägheitsgesetz" nachzugeben, ist sehr stark.

Deshalb ist es wichtig, dass Sie Ihre Selbstdisziplin schulen, damit Sie sich selbst unter (positiven, da frei bestimmten) Druck setzen können. Sie lernen am schnellsten, wenn Sie sich unter Druck setzen. Der Druck muss allerdings wohldosiert sein.

Die Dosis macht das Gift. Termine, die realisierbar sind, können hilfreich sein.

Setzen Sie sich selbst unter Druck, sonst tut es ein anderer!

50. Wieder die Gesellschaft

Apropos Druck: ist es nicht so, dass gesellschaftlich und politisch immer mehr Druck auf den Einzelnen ausgeübt wird? Dass Sie als kleines Rädchen im Getriebe dazu verdonnert sind, nur zu funktionieren? Dass Sie immer mehr leisten müssen? Unbezahlte Überstunden erwartet werden? Durch Vernetzung und PC-Betrieb immer mehr neue Aufgaben und mehr und mehr Verwaltungs- und Dokumentationsarbeit auf Sie zukommen?

Natürlich will ein Arbeitgeber, dass Sie Ihre Aufgabe gut und schnell erfüllen.

Lassen Sie sich trotzdem nicht von äußeren Stimmungen unter Druck setzen. Beurteilen Sie Ihre Lage realistisch.
Versuchen Sie, Ihre Position aus der Vogelperspektive zu sehen. Schauen Sie von oben herab und seien Sie so der Situation, in der Sie sich befinden, überlegen!

Überlegen sie erst einmal, bevor Sie in Hektik ausbrechen. Lassen Sie sich Zeit und seien Sie gewissenhaft. Erforschen Sie Ihr Gewissen und nehmen Sie sich dazu Zeit und Ruhe.

Nur so können Sie bei sich sein und richtige Entscheidungen treffen.

Stehen Sie wirklich unter mehr Druck? Oder machen die Kollegen oder die Medien wieder einmal Stimmung?

Überlegen schafft Überlegenheit!

51. Bewegung! Bewegung!

In allen Lebensbereichen bedeutet Starre Stillstand. Sie bewegen sich nicht mehr. Tun nur das Notwendigste. Und das ist falsch.

Evolutionsgeschichtlich sind Lebewesen auf Veränderung programmiert. Lebewesen zeichnen sich dadurch aus, dass sie sich selbst bewegen können. Deshalb gehören Steine auch nicht zu ihnen. Wohl aber Korallen, Schwämme und Quallen, deren feine Bewegungen für den unwissenden Betrachter wie Meeresströmungen aussehen.

Quallen waren vor vielen hundert Millionen Jahren die ersten Lebewesen auf unserer Erde. Und? Wie hat es eine Qualle geschafft, nicht auszusterben? Sie bewegt sich – und zwar ständig.

Oder gehen wir weiter zurück. Die Urbakterie vor 3,8 Milliarden Jahren. Was hat die getan? Sich bewegt. Ohne Bewegung - keine Nahrungsaufnahme; keine Vermehrung. Selbst Zellteilungen (also ungeschlechtliche Vermehrungen) finden durch Bewegungen statt. Noch viel mehr die Paarung und deren Rituale. Kurzum: leben heißt, sich zu bewegen.

Wieso sterben Tiere aus? Es hat sich gezeigt, dass zuerst besonders spezialisierte Arten aussterben. Allesfresser haben immer bessere Chancen zu überleben. Spezialisten brauchen ein bestimmtes Biosphärenreservat, bestimmte Nahrungsmittel, sind auffällig, brauchen ein bestimmtes Klima, sind wenig an Veränderungen der Umwelt angepasst und bewegen sich wenig, weil sie auf ein Gebiet angewiesen sind.

Tja, und der Mensch ist auch nur ein Tier.
Was uns die Tierwelt seit Milliarden Jahren aufzeigt, ist eindeutig: es kann kein Überleben ohne Bewegung geben!

Ich will versuchen, diese Erkenntnis auf das Leben der heutigen Leben zu übertragen.

Wenn Sie starr und unbeweglich durchs Leben gehen, dann werden Sie nicht zufrieden sein können. Sie bleiben stehen.

Und während andere um Sie herum weiter und immer weiter voran gehen, sich fortbilden, in der Hierarchie aufsteigen, eine Familie gründen, in den Vorstand eines Vereins berufen werden; bleibt ein starrer Mensch an dem Platz, wo er aufgehört hat, sich fort zu bewegen.

Vielleicht war das einmal ein Platz am Ofen. Es war warm, gemütlich und hat Ihnen ein Lächeln aufs Gesicht gezaubert.

Aber irgendwann wurde dieser Platz am Ofen selbstverständlich. Sie trauten sich einfach nicht mehr, von diesem Platz fort zu gehen. Sie bewegten sich nicht, denn Sie wollten Ihren schönen Platz nicht verlieren.

Aber der Ofen ist nicht mehr schön warm, wie am Anfang. Sie legen auch kein Holzscheit mehr nach, denn der schöne Platz könnte Ihnen ja in der Zwischenzeit von einem anderen weggenommen werden.

Sie sitzen also an dem Ofen, der zwar ein Ofen ist und auch wärmen könnte, aber in dem kein Feuer mehr brennt, weil Sie nicht mehr nachlegen „können". Und je kälter es wird, desto näher rücken Sie an den Ofen. Aber das ist sinnlos, denn er wird Sie nicht mehr wärmen.

So entsteht Unzufriedenheit. Unzufriedenheit, die sich in Neid, Hass und Wut äußert. Wie ein Ventil lösen sich diese Gefühle in chronischem Nörgeln; Sie gönnen anderen nichts, werden misstrauisch und erheben sich über andere.
Nutzt das alles nichts, gehen Sie gegen sich selbst. Sie fangen an, Aggressionen, die zwangsläufig aus Ihrer Unzufriedenheit entstehen, gegen sich selbst zu richten. Sie verletzten sich.

Wie? Indem Sie beispielsweise andere, Ihnen nahe stehende Menschen, verletzen, die natürlich zurückschlagen und Ihnen so einige Blessuren beibringen. Sei es durch Zurückweisung, direkte Angriffe oder am Ende durch eine Trennung von Ihnen.

Merken Sie etwas? Schlechte Stimmung in Ihrer Beziehung kann auf eine indirekte Selbstverletzung hindeuten. Und am Schlimmsten ist es, wenn Sie merken, was Sie sich und anderen antun.

„Jetzt ist sowieso alles egal", werden Sie dann denken und treiben das Spiel weiter und weiter. Sie werden blind gegenüber Kritikern, denn diese sehen ja, was Sie auch sehen können, aber nicht sehen wollen. Sie werden keine Rücksicht auf Verluste nehmen, nicht mehr in sich hineinhorchen, denn es ist Ihnen voll bewusst, was Sie tun.

Gleich einem Raucher, der immer weiter raucht, obwohl er genau weiß, dass Rauchen Selbstmord auf Raten ist. Oder dem Übergewichtigen, der isst immer weiter isst, obwohl er seinen Körper fast nicht mehr spürt, nur ein Völlegefühl, sich von ihm entfremdet und ihn endlich zum Aufgeben (durch z.B. Herzinfarkt) zwingt.

Und wie kommt es dazu?

Sie geben Ihrem Wunsch nach kurzfristige Befriedigung nach und wollen Ihre Pfründe sichern. Durch äußere Zwänge werde Sie allerdings immer wieder gezwungen, sich doch zu beteiligen.

Aus Zwang entstehen Aggressionen und diese richten sich gegen Sie selbst.

Mangelnde Bewegung – geistige und körperliche - kann den Charakter eines Menschen verändern.

Lassen Sie es nicht so weit kommen!

Bewegung! Bewegung! Bewegung!

52. Abschied ist ein scharfes Schwert

Sie bringen es nicht fertig, sich von einem Gegenstand, einer Situation oder einem Menschen zu trennen? Es bricht Ihnen das Herz. Sie trauern, als ginge es um einen Todesfall? Sie spüren, wie Sie die Kontrolle dabei über sich verlieren?
Dann reagieren Sie zu heftig. Lernen Sie, los zu lassen!

Eine gefüllte Hand ist verschlossen und kann nicht Neues mehr aufnehmen.

Erst wenn diese Hand loslässt und das Aufgenommene an den rechten Platz legt, kann sie Neues aufnehmen.
Sie müssen in der Lage sein, Abschied nehmen zu können, wenn Sie erfolgreich sein wollen.

Trennen Sie sich von unnützen oder nicht profitablen Dingen, Vorstellungen, Personen, Beziehungen oder Träume! Nehmen Sie Abschied! Erst dann können Sie wieder Neues aufnehmen. Denn in ein volles Glas kann man nichts mehr hineinschütten!

Nehmen Sie Abschied von Ihren alten Vorstellungen. Trauen Sie sich, neue Ideen in die Hände zu nehmen und anzusehen; auch, wenn die Hände dafür erst einmal leer sein müssen.

Lassen Sie los - dann sind Sie reif für Neues!

53. Was die Leute sagen

Ohne Anpassung kommt keiner aus. Die Frage ist nur, wie stark müssen Sie sich anpassen, um „zur Gesellschaft" dazu zu gehören?

Kennen Sie Hebels Geschichte vom seltsamen Spazierritt?

Ein Mann reitet auf seinem Esel nach Hause und lässt seinen Jungen nebenher laufen. Kommt ein Wanderer dazu und sagt: "Das ist nicht recht, dass Ihr als Vater reitet und euer Sohn laufen muss; Ihr habt stärkere Glieder." Da stieg der Vater vom Esel herab und ließ den Sohn reiten. Kommt ein zweiter Wandersmann und sagt: "Das ist nicht recht, Bursche, dass du reitest und lässt Deinen Vater zu Fuß gehen. Du hast jüngere Beine." Da saßen beide auf und ritten eine Strecke. Kommt ein Dritter und sagt: "Was macht ihr? Zwei Kerle wie ihr auf einem so schwachen Tier? Sollte man nicht einen Stock nehmen und Euch beide hinabjagen?" Da stiegen beide ab und gingen zu Fuß: rechts der Vater, links der Sohn und in der Mitte der Esel. Kommt ein vierter Wandersmann und sagt: "Ihr seid drei kuriose Gesellen. Ist's nicht genug, wenn zwei zu Fuß gehen? Geht's nicht leichter, wenn einer von Euch reitet?" Da band der Vater dem Esel die Vorderbeine, der Sohn die Hinterbeine zusammen, sie zogen einen starken Baumpfahl durch, und trugen den Esel auf der Achsel nach Hause.

An diesem Beispiel sehen Sie, dass es nicht immer von Nutzen ist, sich der Meinung anderer 1:1 anzupassen.

In Ihrem Leben (es ist doch Ihres?) sind *Ihre* Entscheidungen gefordert. Anpassung ja, aber nicht in jedem Fall und schon gar nicht, wenn Sie darunter leiden.

Trauen Sie sich! Wie viele Leben haben Sie denn schon?

Wollen Sie nur dazu da sein, dass andere Leute gut oder zumindest nicht schlecht von Ihnen sprechen? Ist das Ihr Lebensziel?

Oder wollen Sie – Sie selbst – sein?
Wie wäre es, zur Abwechslung, wenn Sie den Leuten tatsächlich Stoff liefern. Damit diese wirklich etwas haben, worüber sie sich das Maul zerreißen können?
Was glauben Sie, wie trist und langweilig das Leben dieser Leute aussähe, wenn sie nicht über andere sprechen könnten?

Helfen Sie ihnen! Bitte! Liefern Sie Stoff für Gespräche. Sie tun ein gutes Werk - für sich und für all die anderen, die sonst gezwungen wären, über Ihr eigenes Leben nachzudenken.

Jede Gesellschaft gibt ihren Rahmen vor. In diesem Rahmen können und dürfen Sie sich bewegen.

Wenn Sie andere einmal näher betrachten, werden Sie feststellen, dass dieser Rahmen gar nicht einmal so eng ist, wie Sie bisher dachten. Erst der Exot bringt Würze in eine Einheits-Gesellschaft. Und ein bisschen verrückt sein sollte eigentlich jeder.

Machen Sie die Augen auf! Beobachten Sie Freaks, Eigenbrötler, komische Leute und wie die sich in der Gesellschaft bewegen. Ohne die Brille: „Man muss sich benehmen". Und Sie werden sehen, dass es noch viel Platz für Sie und Ihre „Spinnereien" gibt. Es ist Ihr Leben! Sie entscheiden, was „man" tun muss und was nicht.

Hinweis: Falls Sie wirklich „verrückt" sein sollten: bitte nicht nackt durch die Straßen laufen, sich nicht versuchen das Leben zu nehmen und keine anderen Menschen bedrohen oder Gewalt ausüben. Das sind natürlich gesellschaftliche Überschreitungen, die egozentrisch und nicht mehr egoistisch im positiven Sinne, wie oben beschrieben, sind.

Nutzen Sie den Freiraum, den Ihnen die Gesellschaft bietet!

54. Zueinander passen wollen

Haben Sie den Drang, sich ständig anpassen zu wollen? Ärgern Sie sich darüber?

Keine Sorge! Das ist nur allzu menschlich. Jeder Mensch versucht sich im Kontakt mit einem anderen anzupassen. Zu diesem Anpassungsverhalten gehört es, dass einer sich der Meinung des anderen annähert.

Schimpft beispielsweise Onkel Marcel über das schlechte Fernsehen in Gegenwart seines Neffen Thomas, dann wird dieser seinem Onkel Zugeständnisse machen und versuchen, ihn zu besänftigen. Vielleicht gibt er zu, dass wirklich nicht alles Gold ist, was glänzt, und lädt ihn zu seiner Fernsehsendung ein. Onkel Marcel ist besänftigt, kommt tatsächlich und spielt dort die von ihm erwartete Rolle des Geläuterten.

Hier haben sich beide einander angenähert. Dies konnte jedoch nur geschehen, weil Neffe Thomas zuerst einen Schritt auf Onkel Marcel zugegangen ist.

Würde Thomas die schlechte Meinung seines Onkels verurteilt und ihm Vorwürfe angetragen haben, dann wäre, mit ziemlicher Sicherheit, die Meinung Onkel Marcels noch extremer ausgefallen.

Ein Mensch nähert sich immer dem anderen an. Das ist in uns angelegt und Teil unseres Sozialverhaltens. Ein interessantes Phänomen, das Sie für Ihr Erfolgsstreben nützen können.

Kämpfen Sie für Ihre Werte und nähern Sie sich gleichzeitig dem Gegner an!

55. Erfolg zieht Neider an

Wenn Sie wirklich erfolgreich sein wollen, dann dürfen Sie eines nie aus den Augen lassen: Erfolg will verdient werden!

Niemand schenkt Ihnen einen Sieg. Im Gegenteil! Die besten Stücke am Büffet bekommen diejenigen, die ganz vorne stehen. Der frühe Vogel fängt den Wurm. Seien Sie also einer der Ersten! Rechnen Sie mit Neid, Habgier, Eifersucht und damit, dass man Ihnen Erfolg missgönnt.

Tritt das ein, dann haben Sie eine Bestätigung dafür, dass Sie Außenwirkung haben. Allein das ist ein Erfolg! Kümmern Sie sich nicht darum, was andere über Sie und Ihre Leistungen denken.

Wann immer ein Mensch auffällt – ob im guten oder schlechten – wird über ihn geredet. Von dieser Erkenntnis lebt die ganze Werbebranche. Auch bei Ihnen wird es nicht anders sein. Akzeptieren Sie, dass über Sie geredet wird! Halten Sie es aus, im Rampenlicht zu stehen! Sie können sowieso nichts daran ändern. Außer – Sie geben auf und „versagen". Aber das wollten Sie doch nicht mehr, oder?

Sie haben sich und Ihre Familie. Das ist das Wichtigste!

Wenn andere Menschen Ihnen Erfolge gönnen, wäre das sehr schön. Das ist der Idealfall und echte Freunde und Familienangehörige werden sich, normalerweise, auch mit Ihnen freuen.

Lassen Sie sich Ihr hart verdientes Glück nicht durch Neider zerstören!

56. Erdulden statt Erleiden

Gehen Sie einmal davon aus, dass Sie durch Ihr Leben wandern und dabei einen Rucksack tragen. In diesen Rucksack kommen alle Belastungen, die Sie im Alltag aushalten müssen. Sie wandern also mehr oder weniger gedrückt durch die Welt und treffen andere Menschen. Diese klagen wiederum herzzerreißend über ihre schwere Last und bitten Sie, einen Teil davon in Ihrem Rucksack mitzutragen.

Jetzt liegt es an Ihnen, was Sie tun. Nehmen sie die zusätzliche Belastungen auf sich, oder gehen Sie weiter und schenken ein nicht gern gesehenes „Nein!" aus.

Natürlich kommt es darauf an, wer Ihnen sein Ballast in den Rucksack legen will. Einem Menschen, der Ihnen schon einmal beim Tragen geholfen hat, werden Sie sicherlich gern helfen wollen. Einem anderen, der sich durch Bequemlichkeit auszeichnet und Sie offensichtlich ausnutzt, eher weniger.

Bedenken Sie Ihre Opfermentalität!

Sagen Sie „Nein", wenn Sie eine Last nicht auf sich nehmen wollen!

Auch Ihr eigenes Leben packt Ihnen Dinge in den Rucksack, die ihn manchmal richtig schwer werden lassen. Deshalb ist es wichtig, dass Sie ab und zu Rast einlegen und sich fragen:

„Ist mir mein Rucksack zu schwer?"
Schulen Sie Ihre Wahrnehmung:

Was *können* Sie *er*-tragen? Was *wollen* Sie ertragen? Sind Sie bereit, den Rucksack weiter zu tragen, obwohl er Ihnen zu schwer ist, dann beweisen Sie ohne Zweifel Leidensfähigkeit.

Sie lassen sich zu Ihrer eigenen, schweren Last, ohne mit der Wimper zu zucken, noch etwas draufpacken. Und dann sind Sie auch noch stolz darauf, nicht in die Knie gehen zu müssen. Sie sind – ohne Zweifel – leidensfähig.

„Mit mir kann man's ja machen."

Überlegen Sie sich ernsthaft, was Sie sich mit dieser Einstellung antun.

Glauben Sie, dass Sie sich auf Ihrer Reise frisch und erholt fühlen? Glauben Sie, dass Sie mit einem schweren Rucksack schneller ans Ziel kommen? Glauben Sie, dass Sie immer noch Reserven haben, wenn es darauf ankommt, dass Sie noch etwas von sich in den Rucksack packen müssen?

Nein! Hören Sie auf, sich toll zu fühlen, weil Sie leidensfähig sind!
Natürlich muss jeder Mensch in seinem Leben viele Dinge hinnehmen und auch aushalten. Also auch Sie! Aber nicht im Sinne eines Erleidens, sondern im Sinne eines Erduldens.

Sehen Sie sich den Inhalt Ihres Rucksacks genau an!

Welche Dinge wollen Sie tragen? Welche Dinge belasten Sie nur, ohne dass sie Ihnen etwas bringen?

Wenn Sie eine Last tragen, tun Sie das freiwillig und nur dann, wenn es sinnvoll für Ihr Leben ist. Dulden ist eine aktive Tätigkeit, Leiden passiv. Wenn Sie leiden, bestimmen andere Menschen über Sie und Ihr Schicksal. Und andere entscheiden auch darüber, wann und ob Ihr Leid je ein Ende hat. Sie selbst werden gar nicht gefragt und das Leid kann endlos dauern.

Wer dagegen erduldet, entscheidet bewusst, was und wie lange er etwas auf welche Art ertragen will, um eine für sein Leben gewünschten Änderung herbeizuführen.

Deshalb: werden Sie aktiv und wandeln noch heute Ihr Leiden in Dulden um!

Erdulden wollen Sie, erleiden müssen Sie nicht!

57. Meine Bergwanderung

Und nun auf zu Ihrer Reise zum Erfolg. Ich vergleiche diese gerne mit einer Bergwandertour.

Sie stehen am Fuße eines hohen Berges und wollen hinaufwandern. Sie sehen die gewaltigen Steinmassen, aber noch nicht den Gipfel. Sie müssen ihn sich erst einmal nur vorstellen. Denn am Fuße des Berges ist weder der Gipfel, noch das Gipfelkreuz erkennbar. Sie stellen sich also vor, wie Ihr Gipfel wohl aussehen könnte.

Vielleicht haben Sie schon Bilder vom Berg gesehen. Das macht es Ihnen leichter, Ihre Phantasie anzuregen. Diese wird Ihnen ein Bild ins Gedächtnis einbrennen. Dieses Bild ist Ihr Ziel!

Natürlich muss die Reise geplant werden. Was brauchen Sie dafür? Was ist unbedingt notwendig; vielleicht sogar lebensrettend? Was müssen Sie beachten?
Sie sammeln vorher alle verfügbaren Informationen über Ihre Tour. Eine gründliche Vorbereitung ist die halbe Miete bei einer Bergwandertour.

Am entscheidenden Tag stehen Sie früh auf, denn Sie wollen bei Anbruch der Dunkelheit ja wieder zuhause sein, und es geht los.

Sie haben sich entschieden, diesen, Ihren Berg zu besteigen. Das ist zwar die wichtigste, nicht aber die letzte Entscheidung, die Sie auf Ihrer Tour treffen müssen.

Sie wandern also auf ausgewiesenen Wegen entlang in der Hoffnung, dass Sie oben ankommen und im Vertrauen, dass die Wege korrekt ausgeschildert sind. Sie glauben, dass Sie es schaffen werden.

Sie motivieren sich, indem Sie in Etappen denken. Eine Etappe geht immer so weit, wie Sie einen markanten Punkt anvisieren können. Dort angekommen, suchen Sie sich ein weiteres Zwischenziel für eine weitere Etappe.

Sie bleiben auf dem Weg! Wenn der Weg nicht mehr erkennbar ist, weil Geröll oder Bäume ihn versperren, müssen Sie improvisieren. Improvisieren Sie aber nur so lange, bis Sie wieder auf den ausgewiesenen Weg gelangt sind. Sie vertrauen den erfahrenen Bergführern, welche die Wege ausgeschildert und gangbar gemacht haben.

Ähnlich wie bei einem Marathonlauf ist es nicht entscheidend, dass Sie die ersten 100 Meter so schnell wie möglich zurücklegen, sondern dass Sie stetig und kontinuierlich Ihr Tempo laufen. Es kommt darauf an, durchzuhalten. Sie nehmen an keinem Wettrennen teil! Sie haben sich entschlossen, eine Aufgabe zu erfüllen, bei der es nicht darauf ankommt, dass Sie der Schnellste sind, sondern, dass Sie Ihr Ziel erreichen.

Dazu brauchen Sie unbedingt eine Riesendosis Motivation, die Sie sich stetig erhalten müssen. Ohne Motivation geht gar nichts. Das fängt schon bei der Planung der Tour an.

Beantworten Sie sich die Frage, was es Ihnen bringt, oben auf dem Berg zu stehen. Finden Sie Gefallen an den Antworten, steigert sich Ihre Motivation. Sie werden „heiß" darauf sein, den Berg zu erklimmen. Und – Sie schaffen sich einen Vorrat an Duldungsfähigkeit, um die ganze Strecke überwinden zu können.

Erst wenn Sie sich klar sind, dass Sie es unbedingt und mit aller Kraft wollen, laufen Sie los.

Beachten Sie das Wetter. Manchmal ist es auch besser, noch zu warten, bis die Wetterlage sich wieder beruhigt hat. So bald es aber möglich ist, gehen Sie los.

Ihr Berg wird sich ziehen wie Kaugummi. Sie werden zwischendurch zweifeln, ob Ihre Entscheidung, ihn zu besteigen, die richtige war. Zweifel gehören dazu. Akzeptieren Sie diese! Zweifel treten vor allen Dingen dann auf, wenn Sie körperlich erschöpft sind. Dann fangen Sie an, den Sinn des Unternehmens zu hinterfragen. Legen Sie diese Gedanken beiseite und laufen Sie einfach immer weiter. Schalten Sie den Auto-Piloten ein und laufen weiter als wären Sie ein Motor oder eine Uhr. Kümmern Sie sich nicht darum, dass Sie voller Zweifel sind. Vertrauen Sie darauf, dass Sie es schaffen werden!

Bei Erschöpfung legen Sie eine kurze Pause ein, aber setzen Sie sich nicht zu bequem hin. Das Aufstehen fällt umso schwerer!

Unterwegs werden Probleme auftreten, die Sie vorher nicht bedacht hatten. Selbst die beste Vorbereitung kann nicht alle Eventualitäten mit einschließen. Auf dem Berg kann immer etwas kommen, mit dem Sie nicht gerechnet haben und dann sind Sie auf sich allein gestellt.

Es kann sogar sein, dass Sie wieder ein Stück absteigen müssen, weil Sie falsch gelaufen sind oder weil das Wetter Ihnen einen Strich durch die Rechnung macht. Notfalls müssen Sie sogar wieder ganz absteigen. Das hindert Sie nicht daran, es am nächsten Tag wieder von Neuem zu versuchen. Sie bleiben hartnäckig - so lange, bis der Berg bestiegen ist.

Und Sie werden irgendwann den Gipfel sehen. Und das Gipfelkreuz wird Ihnen vor dem herrlich blauen Himmel entgegenblinken. Jetzt noch aufgeben? Nein! Wenn es so weit ist, dann gehen Sie nicht mehr zurück. Sie haben das Ziel deutlich gesehen. Sie wissen, dass es nicht mehr weit ist. Sie schaffen es.

Oben angekommen, gehen Sie zum Gipfelkreuz und sehen auf Berge, Hügel, Wiesen und Flüsse und Seen herab. Sie fühlen sich wie ein Adler! Frei! Und glücklich!

Die Mühen des Aufstiegs sind vergessen. Sie fühlen sich erleichtert und entspannt. Es ist ein wunderbares Gefühl. Und – Sie haben es geschafft!

Gehen Sie so wie diese Bergwandertour Ihre Ziele an!

Es gibt kein Versagen, wenn Sie dran bleiben. Auch dann nicht, wenn Sie gerade am Absteigen sind, weil „das Wetter" nicht mitspielt. Solange Sie wieder und immer wieder versuchen, aufzusteigen, sind Sie dabei, erfolgreich zu werden. Auch wenn es nach außen hin nicht so aussieht und andere an Ihnen vorbeiziehen. Sie wissen, was Sie wollen und Sie werden es auch in Ihrem Tempo schaffen!

Es wird Zeiten geben, da fragen Sie sich, ob es sich überhaupt lohnt, oder Sie langweilen sich. Besteigen Sie trotzdem Ihren Berg! Und danach sehen Sie weiter. Gehen Sie wenigstens bis zum ersten Aussichtspunkt, denn der Blick von oben lohnt sich. Wirklich!

„Meine Familie will aber … meine Freunde sagen …. Aber es gibt schon zu viele …"- wunderbare Ausreden, um Ihre Reise abbrechen zu können. Lassen Sie sich nicht verführen! Ihr Lohn ist umso süßer, je härter Sie ihn sich erringen.

Wenn Sie schon unterwegs sind, gehen Sie auch weiter, bis Sie ankommen!

58. Jetzt geht's los

Vielleicht enttäuscht es Sie, dass Sie nach Lektüre dieses Buches immer noch nicht viel glücklicher als vorher sind.

Vielleicht haben Sie aber neuen Mut bekommen, endlich in Ihrem Leben etwas voranzubringen.

Egal, was Sie jetzt tun: Ich möchte Sie motivieren, niemals aufzugeben. Niemals!

Lassen Sie sich bei dem, was Sie tun, so wenig wie nötig ablenken und halten Sie Kurs. Steuern Sie Ihr Schiff, auf dass es nicht kopflos durch die Weltmeere segelt und nirgendwo ankommt.

Glauben Sie fest daran, dass Sie ein besonderer Mensch sind, der Besonderes leisten kann und dann wieder andere besondere Menschen anzieht, die Ihnen helfen.

Geben Sie die Hoffnung auf Erfolge und Glück niemals auf.

Lernen Sie zu lieben, was Sie tun – egal was es auch ist.
Lernen Sie, anderer Menschen Schwächen, Gehässigkeiten und Bösartigkeiten zu tolerieren. Auch diese sind in sich gefangen und unfrei.
Lernen Sie Ihre eigenen Schwächen, Gehässigkeiten und Bösartigkeiten anzunehmen. Lieben Sie sich trotzdem!
Dann kann nichts mehr schief gehen. Ich glaube an Sie! Nichts ist unmöglich. Sie sind einzigartig! Ihr ganzes Leben wartet auf Sie! Sie haben es sich verdient, das Leben zu führen, das Sie sich bisher nur erträumt haben.

__Glück ist auch für Sie erreichbar. Bleiben Sie dran!__

Tipp:
Buch mehrmals lesen. Und noch eins: Fangen Sie jetzt an, etwas zu verändern. Jetzt! Jetzt! Jetzt! Stehen Sie gleich auf und tun Sie gleich das Erste. Jetzt! (Sie lesen ja noch ..., jetzt aber!)